Hermann Wächter

Willkommen in Augsburg

... der etwas andere Stadtführer

Geschichte(n) und Gedichte aus
einer liebenswerten 2000jährigen Stadt

Zeichnungen: Erich Döbereiner
Fotos: Frieder Schäble u. Regio Augsburg (2)
Umschlag: Alfred Neff
Gestaltung/Bildbearbeitung: S. Breinl und A. Neff

Die Deutsche Bibliothek - CIP-Einheitsaufnahme

Willkommen in Augsburg : ... der etwas andere Stadtführer /
Hermann Wächter. [Zeichn.: Erich Döbereiner. Fotos: Frieder Schäble
u. Regio Augsburg]. - Augsburg : Wißner, 1999

ISBN 3-89639-177-1

© 1999 by Dr. Bernd Wißner, Augsburg

Inhalt

Augsburg – Großstadt mit Charme

Wenn Sie wo mit »Willkommen« begrüßt werden, können Sie davon ausgehen, daß man Sie freudig erwartet und möchte, daß Sie sich wohl fühlen. In diesem Falle in der schwäbischen Bezirkshauptstadt Augsburg. Sie ist nach München und Nürnberg die drittgrößte Stadt Bayerns und Hauptstadt von Bayerisch-Schwaben. 260 000 Menschen leben in Augsburg, das eine Gesamtfläche von 147 qkm hat. Die größte Ausdehnung des Stadtgebietes in Nord-Süd-Richtung beträgt 23 km, in Ost-West-Richtung 14,5 km. Die höchsten Bauwerke sind der Hotelturm mit 107 m und das Ulrichsmünster mit 93 m. Die Gründung der ehemals freien Reichsstadt geht ins Jahr 15 v. Chr. zurück, als die Stiefsöhne des römischen Kaisers Augustus, Tiberius und Drusus, hier zwischen Lech und Wertach ein Militärlager errichteten, nachdem sie die auf dem Gebiet der heutigen Stadt ansässigen Raeter und Vindeliker besiegt hatten. Ein Jahr n. Chr., zur Zeit des Kaisers Tiberius, wird die Zivilsiedlung »Augusta vindelicorum« gegründet. Im Jahre 832 taucht für die Stadt erstmals der Name »Augustusburc« auf. Sie ist Bischofssitz. 955 werden die Ungarn bei der Schlacht auf dem Lechfeld unter Führung von Bischof Ulrich an der Seite von König Otto I. vernichtend geschlagen. 1276 erhält Augsburg das Stadtrecht und wird unter Rudolf von Habsburg freie Reichsstadt. Um 1500 zählt die Stadt etwa 20 000 Einwohner und wird zum Mittelpunkt der deutschen Kunst. Sie ist Sitz der reichsten Kaufleute der Welt. Mit dem Geschlecht der geldmächtigen Fugger verbinden sich Reichtum, Glanz und Macht. Jakob Fugger der Reiche war der größte europäische Bankier seiner Zeit. Kaiser und Könige stehen in seiner Schuld. Und auch die seefahrenden Welser erheben Augsburg zur Weltstadt. Handel und Handwerk blühen. Beim Reichstag 1530 im »goldenen Augsburg« überreichen die protestantischen Fürsten die von Melanchthon verfaßte Bekenntnisschrift der lutherischen Kirche, die »Confessio augustana«. 1518 hatte Martin Luther den verlangten Widerruf seiner Thesen im Streitgespräch mit dem päpstlichen Legaten Cajetan verweigert. 1555 wird der Augsburger Religionsfriede zwischen Lutheranern und Katholiken unterzeichnet, der die Spaltung der Konfessionen in Deutschland zur Folge hat. 1620 findet die erste Ratssitzung im von Elias Holl erbauten Rathaus statt. Damit war die Umgestaltung von einer mittelalterlichen zu einer modernen Stadt abgeschlossen. 1648 wird mit dem Westfälischen Frieden die Parität zwischen Protestanten und Katholiken gesetzlich eingeführt. 1805 verliert Augsburg seine Reichsfreiheit und kommt ein Jahr später zum Königreich Bayern. Das industrielle Zeitalter beginnt 1840, Augsburg wird an die Eisenbahn angeschlossen, mechanische Webstühle gehen in Betrieb, Maschinenfabriken entstehen. 1897 baut Rudolf Diesel den ersten betriebsfähigen Motor.

Der Zweite Weltkrieg vernichtet über 4000 Gebäude in der Stadt, 1945 sind 1500 Tote zu beklagen, 85 000 Menschen obdachlos. Der Wiederaufbau beginnt, 1955 sind 16 000 Wohnungen errichtet, 1970 wird Augsburg Universitätsstadt. Durch die Eingemeindungen 1972 wächst die Stadtfläche um rund 70 %. Das Zentralklinikum, größtes Krankenhaus Schwabens, eröffnet 1982. Rathaus und Perlach werden 1984 saniert, auch die Wiederherstellung des Goldenen Saales beginnt, seine Gesamtrestaurierung ist 1990 abgeschlossen. 1985 feiert die Stadt glanzvoll mit einem historischen Bürgerfest ihr 2000jähriges Bestehen. Im Kurhaustheater Göggingen, einem von Hofrat Hessing 1886 errichteten Baujuwel von europäischem Rang, hebt sich 1996 wieder der Vorhang, das Gesamtensemble einschließlich Park kann nach zehnjähriger Restaurierungszeit 1998 der Öffentlichkeit übergeben werden. Die Schwabenmetropole ist interessanter Messeplatz und auf dem Weg zum Umweltkompetenzzentrum, aber auch eine Stadt mit einem breitgefächerten Kulturangebot, aktivem Vereinsleben und vielfältigen Freizeitmöglichkeiten. Eindrucksvoll inszenierte

Bürgerfeste mit »Reichstagen« und Brunnenfeste sowie das zündende Jugendfestival »x-large« und das Theaterfestival »La Piazza« sind mit die Höhepunkte im Veranstaltungskalender.

Natürlich ist auch Augsburg keine »Insel der Seligen«. Allein das Wegbrechen der früher starken Textilindustrie oder die Reduzierung im Maschinenbau haben zu einschneidenden Strukturveränderungen geführt, die durch neue Bereiche aufgefangen werden müssen. Aber mit Ideenreichtum und den sprichwörtlichen schwäbischen Tugenden Fleiß und Tüchtigkeit sowie einer gesunden Mischung aus Bodenständigkeit und Weltoffenheit werden die Fuggerstädter auch diese Herausforderung meistern. Augsburg kennt schließlich seine Verpflichtungen, die ihm aus seiner bedeutenden Vergangenheit erwachsen sind – als Stadt der Reichstage, ehemalige Finanz- und Handelsmetropole und Ort berühmter Erfinder, Unternehmer und Wissenschaftler.

Städtepartnerschaften werden mit Inverness (Schottland), Dayton (USA), Amagasaki und Nagahama (Japan) sowie Bourges (Frankreich) gepflegt.

Als der französische Reiseschriftsteller Michel de Montaigne 1580 Augsburg besuchte, beschrieb er die Stadt als »schönste und sauberste in Deutschland, in der man so gut lebt wie in Paris oder Venedig«. Schwäbische Bescheidenheit verbietet es, hier näher darauf einzugehen. Vielmehr möchte ich Sie nun einladen in eine traditionsreiche Stadt mit pulsierendem Leben, Charme und Ausstrahlung, die immer wieder beste Noten für Lebensqualität erhält.

Viel Freude wünscht Ihnen dabei Ihr

Hermann Wächter

Die geheimnisvolle Geschichte der Zirbelnuß im Augsburger Stadtwappen

Wo Sie in Augsburg auch hingehen, überall werden Sie auf das Augsburger Wahrzeichen, die Zirbelnuß, stoßen. Sie finden sie als Zierde auf Giebeln und Gebäuden ebenso wie als Schmuck am Hals schöner Augsburgerinnen.

Augsburg war ehemals freie Reichsstadt und Handelszentrum. Reiche Kunstschätze, Denkmäler und Paläste sind noch heute Zeugen glanzvoller Vergangenheit. Und immer wieder wird Ihnen das Symbol der Zirbelnuß begegnen. Es ist schon etwas Geheimnisvolles um diesen Pinienzapfen. Unseren Vorfahren galt er scheinbar als Glücksbringer. Um diesem Geheimnis etwas auf die Spur zu kommen, kann uns die Legende weiterhelfen: Sie erzählt, daß vor vielen, vielen Jahren ein junger kaiserlich-römischer Kurier seinem Herrn diese Frucht als Gabe der Göttin Cisa, der Göttin der Fruchtbarkeit, überbrachte. Wunderkräfte seien in dieser Nuß und würden auf denjenigen überströmen, der es verstände, sie lebendig zu erhalten und an sie zu glauben. Der Kaiser glaubte daran und wurde reich belohnt: mit Mannesmut, Klugheit, Frauenliebe und Reichtum – also Glück. Die wundersamen Kräfte dieses Fruchtzapfens sprachen sich bald herum, und jeder verlangte danach. Plötzlich war die Zirbelnuß so begehrt wie echte Perlen. Die Frauen

  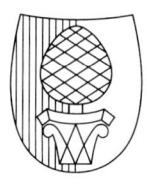

wünschten sich Schönheit, die Krieger Kraft zum Sieg, die Kaufleute Erfolg, die Politiker Klugheit – und alle wurden reich belohnt, wenn sie nur an die Wunderkraft der Zirbelnuß glaubten. Für Augsburg wurde sie das Glückszeichen schlechthin: Unter diesem Symbol entstand Augsburgs weltbekannter Ruhm und Glanz. Es war die Zeit der berühmten Augsburger Frauenschönheiten, die königlichen Kaufleute trieben weltweiten Handel, die Zeit des goldenen Reichtums begann.

Aber wie es halt so geht: Im Übermaß des Glücks dachte man schon bald nicht mehr an die Ursache, die diesen Zustand bescherte. Man vergaß, die Nuß lebendig zu erhalten durch den Glauben an ihre Zauberkraft. Die Göttin Cisa grollte und entzog den Menschen die der Zirbelnuß verliehene Wunderkraft.

In zwei Fällen allerdings scheint ihre Zauberkraft bis auf den heutigen Tag ungebrochen zu sein: bei der Schönheit der Augsburgerinnen, wovon man sich beim Gang durch die Straßen der Stadt auf Schritt und Tritt überzeugen kann; und daß die Entscheidungen der Augsburger Stadtväter und -mütter im zirbelnußgeschmückten Rathaus von der Wunderkraft der politischen Klugheit geprägt sind, wird sicher niemand ernsthaft bezweifeln wollen.

Auch als Süßigkeit ist die Zirbelnuß nach wie vor eine begehrte Augsburger Spezialität. Wenn Sie, liebe Leserinnen und Leser, diese Köstlichkeit verzehren, kann es durchaus sein, daß die alten Zauberkräfte dieser herrlichen Frucht zu Ihnen zurückkehren – Sie müssen nur ganz fest daran glauben!

Bei uns in Augschburg

Koi Stadt wüßt i, ob nei ob alt,
dia mir so guat wia Augschburg gfallt.
I sags frei raus, weils halt so isch:
a Glück, wenn du von Augschburg bisch!

Dr Kaiser Auguschtus vor 2000 Jahr,
dr Gründer von unserm Augschburg war,
ma sollt dem glatt, i muaß des saga,
no d' Ehrenbürgerschaft atraga.

Auf unserAugschburg sin mir stolz,
des isch scho aus am bsondra Holz,
ob Fuggerei, ob Holbeinhaus,
aus allem schaut Geschichte raus.

Und bisch jetz o 2000 Jährla
und werden silbrig deine Härla,
für uns, do bleibsch du immer jung,
bisch voller Leba, voller Schwung.

Zu Fuggers Zeita, in dene Jahr,
Augschburg scho Handelszentrum war.
Weltpolitik hams bei uns gmacht,
dr Kaiser war öfters über Nacht.

In d' Altstadt nuntr geht ma gern,
bsuacht 's Kirchle von Maria Stern,
und seitm 17. Johrhundert
wird unser Holl-Rathaus bewundert.

Dr Goldne Saal im neia Gwand,
isch reschtauriert von Künschtlerhand,
daß wieder strahlt in alter Pracht,
was hot zerstört dia Bombanacht.

Des imposante Ulrichsmünschter,
im Hoha Dom d' Prophetafenschter
und unsre Brunna sin bekannt
weltweit – net bloß im Schwobaland.

Kirchtürm gibt's in Spitz und Zwiebel,
Romantik, alte Häusergiebel,
des alles ka ma bei uns seha,
duat ma durch unser Augschburg geha.

Der nahe Wald im Siebatisch
für uns die schönscht' Erholung isch;
im Kuahsee und am Hochablaß,
do ham mir unsern Freizeitspaß.

Des Augschburg isch seit alte Zeita
a Truhe voller Koschtbarkeita;
es ka do gar koin Zweifel geba:
in Augschburg loßt sis prima leba!

Dr Augschburger

Natürlich hat auch der Augsburger ganz spezielle Eigenschaften, Verhaltensweisen, die man nur bei ihm antrifft. Schauen wir uns jetzt den Schwaben im allgemeinen und den Augsburger im besonderen ein bißchen näher an.

Mir Augschburger sin wia mir sin,
und weils in unsrer Zeit isch »in«,
sich wia ma heit o sagt zu »outen«,
loß mer jetz folgendes verlauten:

Was Neis, des guck mer zerscht mol a,
guat finda mas no später ka.
Dia Loberei net so bressiert,
do schaut ma zerscht, ob sis rentiert.

Wenn ma o was zum meckra hot,
er loßt nix komma auf sei Stadt.
Mit Hudla, do isch nix zum macha,
weil er macht gründlich seine Sacha.

Recht fleißig, desch sei Naturell,
ma ka halt aus dr Haut net, gell.
Hot oiner was, do isch er oiga,
des muaß ma net glei jedem zoiga.

Des »le« im Schwäbischa beliebt,
nadierlich o in Augschburg gibt.
Ma hängts an viele Wörter na,
dia hören si glei liaber a.

Die Tüte wird zum Gschdädele,
die Treppe so zum Treppele,
ein Laden dann zum Lädele,
das Mädchen flugs zum Mädele.

Wenn andre stehen, duat er steha,
und wenn sie gehen, liaber geha.
Das, was man sieht, des duet er seha,
im Markt da Gockl loßt ma kräha.

Es dät ihm fehla am Humor,
der käm bei ihm recht selta vor.
Dene ka den Rat i geba,
im Fasching solltens ihn erleba!

Do geht die Poscht ab, net so knapp,
ma feiert »under oiner Kapp«,
schunkelt glei und steigt in d' Bütt,
do lacht sogar dr Perlach mit.

Will unterstreicha er sei Red',
beim Augschburger des oifach geht.
Er hängt am Schluß bloß na a »gell«,
mit dem isch er recht oft zur Stell'.

Und findet er, 's isch no net gnua,
nimmt er des Wörtle »fei« drzua.
»Du gell fei« wenn ma von ihm hört,
woiß ma, daß er si beschwert.

I moin, es spricht gar nix drgega,
da Augschburger, den muaß ma möga.
Drum stell mer fescht zum Schluß ganz schnell:
arg nette Leit in Augschburg, gell!

Augsburger Abc

(garniert mit »schwäbischem Anderschtädment«)

A ugustus gründete die Stadt,
wahrscheinlich seine beste Tat.

B ert Brecht ist Augsburgs großer Sohn,
nicht nur geliebt, Sie wissen schon.

C hristkindlesmarkt, ein großer Schatz,
da strahlt der ganze Rathausplatz.

D omsingknaben – diesen Chor
zeigt der Welt man gerne vor.

E lias Holl das Rathaus baute,
auf diesen Prachtbau jeder schaute.

F uggerei und Mozarthaus
läßt man bei keiner Führung aus.

G äste kommen gern hierher,
alle lieben Augsburgs Flair.

H andels- und Handwerkstradition
war immer groß in Augsburg schon.

I m Fasching, mei, do loß mers kracha,
dr Perlach biagt si glei vor Lacha.

J akoberdult stets sehr gefällt,
als längstes Kaufhaus auf der Welt.

K urhaustheater-Kostbarkeit,
sucht seinesgleichen weit und breit.

L uther mit Herrn Cajetan
auch hier zu keinem Ende kam.

M ozart ist nicht Augsburgs Sohn,
Mozarts Vater aber schon.

N örgler gibt's in jeder Stadt,
ein paar davon auch Augsburg hat.

O b Oper, Operette dran,
zieht Freilichtbühne Scharen an.

P uppenkiste-Marionetten –
weltbekannt, drauf kann man wetten.

Q der Anfang ist von quer,
das gibt's bei uns nicht, bitte sehr.

R iesenzulauf der Plärrer hat
als größtes Volksfest in der Tat.

S iebentisch und Hochablaß
macht den Augsburgern viel Spaß.

T uramichele, stets ein Hit,
reißt nicht nur Augsburgs Kinder mit.

U nser Sproch isch unerreicht,
wer fleißig übt, der lernt's – vielleicht.

V ereinsleben blüht in der Stadt,
wohl dem, der so aktives hat.

W elser hat auch den Ruf begründet,
der Augsburgs Ruhm und Glanz verkündet.

X / Y sind nicht zu lösen,
die beiden sind auch hier die Bösen.

Z wetschgendatschi, guter Schluß,
er ist und bleibt ein Hochgenuß.

Ja, unser Augschburg!

Solang durch unser Augschburg no Lech und Wertach fliaßt
und d' Zirbelnuß vom Rathaus recht freindlich runtergriaßt,
solang no dr Auguschtus stolz aufm Brunna steht
und Dom und Ulrich schauen, wer auf der Maxstroß geht.

Solang ma ka spaziera durch unsern Siebatisch
und Augschburgs »gute Stube« dr Rathausplatz no isch,
solang ma in dr Altstadt durch Gäßla schlendra ka,
beim Sternkirchle am Hollplatz zum Ausruha sitzt na.

Solang vom Perlachfenschter kommt 's Turamichele raus
und Tausende von Kinder klatschen drzua Applaus,
solang ma vorm Rathaus da Chrischtkindlesmarkt baut
und alles voller Stauna auf d' Holbeinengel schaut.

Solang die junge Entla im Stempflesee rumschwimmen
und glei im Zoo drneba d' Stoiböckla munter springen,
solang ma drob am Kuahsee Grillfeschtla feira ka,
im Stadtmarkt drin dr Gockl kräht mittags zwölfe a.

Solang am Rota Tor drunt ma große Oper singt
und Puppakischt drneba die alte Märchen bringt,
solang ma unsern Datschi in alle Welt verschickt,
im Hofgarta am Bänkle d' Oma Pullover strickt.

Solang bei uns in Augschburg mir Bürgerfeschte ham,
wo d' Leit in helle Schara zum Feira kommen zam,
solang am Hexabrunna verliebte Pärla hockn
und Kinder auf die Wiesa no Gänseblüamla brockn.

Solang d' Jakoberkirweih und o dr Plärrer kommt,
ma im Botanischa Garta im Bluamameer si sonnt,
solang in unserm Augschburg auf Dult ma geha ka,
begeischterte Tourischta schaun d' Fuggerei no a.

Solang d' Amerikaner no schwärmen »very nice«
und Schara von Japaner auf Fotos sin ganz heiß,
solang auf Frühlingsfeschtla ma no sei Mäßle trinkt
und in dr Greiner-Singschual ma frohe Liadla singt.

Solang ma in dr Kahnfahrt in Boote rudra ka,
wo Augschburgs fesche Buaba mit Mädla bandeln a,
solang aus unsre Brunna no munter 's Wasser spritzt
und d' Jugend auf de Treppa zum Ratscha niedersitzt.

Solang durch unser Augschburg dr Plimm spazierageht
und mächtig neberm Perlach des Holl'sche Rathaus steht,
solang beim Stroßabaua auf d' Stadt ma schimpfa duat,
um hindanoch zum saga: »'s isch eigentlich ganz guat.«

Solang in unsre Café die schöne Mädla sitzen
und auf de Kuachablecher saftige Datschi schwitzen,
solang dr Bäcker Hackher, bekannt als »Stoinerner Ma«,
wia scho seit alte Zeita sein Brotloib hebt no na.

Solang auf Augschburgs Fahna dia Farba Rot, Grün, Weiß,
am Rathausplatz macht Brotzeit glei neberm Schwob dr Preiß,
solang von dene Sacha si oins zum andra gsellt,
bleibt für uns unser Augschburg die schönschte Stadt der
Welt.

Berühmte AugsburgerInnen

Die folgende Aufzählung von Augsburger Berühmtheiten, die natürlich keinen Anspruch auf Vollständigkeit erhebt, enthält auch einige Namen, deren Träger nicht mit Lechwasser getauft wurden. Der geneigte Leser möge den Lokalpatriotismus verzeihen, handelt es sich dabei doch um Persönlichkeiten, die durch wichtige Stationen in ihrem Leben mit Augsburg verbunden sind.

Augustus geb. 63 v. Chr., römischer Kaiser, beauftragte seine Stiefsöhne Tiberius und Drusus im Jahre 15 v. Chr. mit der Eroberung der nördlichen Alpen. Sie besiegten die Raeter und Vindeliker und errichteten ein Militärlager am Zusammenfluß von Lech und Wertach in Oberhausen mit dem Namen Augusta vindelicorum. Augsburg war gegründet.

Berlichingen, Götz von geb. 1480 in Jagsthausen, »Ritter mit der eisernen Hand«, weltbekannter Zitatenschöpfer und Reichsritter, der keiner kriegerischen Unternehmung aus dem Wege ging, saß von 1528–1530 im Turm des Heilig Kreuzer Tors als Gefangener. Welche Zitate er in dieser Zeit kreierte, ist nicht überliefert.

Bernauer, Agnes Augsburger Baderstochter, genannt der »Engel von Augsburg«. Eine der schönen Augsburgerinnen. 1432 heimliche Heirat mit Herzog Albrecht III. von Bayern, dessen Vater Ernst ließ sie 1435 in der Donau ertränken.

Black, Roy »Fast-Augsburger«, geb. 1943 in Straßberg bei Bobingen. Der »schwarze König«, mit bürgerlichem Namen Gerd Höllerich, drückte in Augsburg die Schulbank und startete von hier seine Karriere als Sänger (»Ganz in Weiß«) und Filmschauspieler. Er starb 1991 in Heldenstein.

Brecht, Bert geb. 1898 in der Lechaltstadt, Schriftsteller und Regisseur. Aus seiner Feder stammen u. a. die »Dreigroschenoper«, »Herr Puntila und sein Knecht Matti« und »Leben des Galilei«. Er besuchte das damalige Realgymnasium an der Blauen Kappe (heute »Peutinger«) und wäre wegen eines kritischen Aufsatzes fast von der Schule verwiesen worden. Gest. 1956 in Ostberlin. Gedenkstätte Auf dem Rain 7.

Buz, Heinrich von geb. 1833 in Eichstätt, gestorben 1918 in Augsburg, war von 1864 Direktor, später bis 1913 Generaldirektor der MAN. Einer der Mitbegründer der Augsburger Lokalbahn und der Lechwerke. Buz galt als sehr großzügiger Mann und ermöglichte u. a. Rudolf Diesel in den Jahren 1893–1897 die Erfindung seines revolutionären Verbrennungsmotors.

Diesel, Rudolf geb. 1858 in Paris. Der Vater war Schwabe. Von 1893–1897 konstruierte Diesel in Augsburg seinen revolutionären Verbrennungsmotor.

Dürer, Albrecht geb. 1471 in Nürnberg, gestorben 1528. Maler, Zeichner und Kupferstecher. 1518 zeichnete er Kaiser Maximilian während des Reichstages in Augsburg. Im selben Jahr malte Dürer auch Jakob Fugger den Reichen. Das Temperagemälde auf Leinwand hängt in der Staatlichen Gemäldegalerie Augsburg.

Egk, Werner geb. 1901 in Auchsesheim bei Donauwörth, gestorben 1983. Hieß eigentlich Werner Mayer. Verbrachte in Augsburg seine Jugend. Komponierte Orchesterwerke, Klaviermusik und Opern, u. a. »Zaubergeige« (1935), »Peer Gynt« (1938), das Ballett »Abraxas« (1948).

Frenzel, Curt geb. 1900 in Dresden, gestorben 1970. Schrieb Augsburger Zeitungsgeschichte. Gründete 1945 die »Schwäbische Landeszeitung«, seit 1959 »Augsburger Allgemeine«, mit ihren Heimatzeitungen heute eine der auflagenstärksten deutschen Tageszeitungen und meistgelesene bayerische Abonnementzeitung. Frenzel war großer Förderer des Eissports. Acht Jahre 1. Vorsitzender des Augsburger Eislaufvereins. Spendete 250 000 Mark für den Ausbau des Eisstadions, das seit 1970 seinen Namen trägt.

Fugger, Jakob geb. 1459. Genannt »der Reiche«. Er war der bedeutendste Vertreter des weltbekannten Augsburger Kaufmannsgeschlechts. Gründer der Fuggerei, der ältesten Sozialsiedlung der Welt. 1511 geadelt. Fugger war größter europäischer Bankier seiner Zeit, in seiner Schuld standen Kaiser und Könige (Maximilian I., Karl V.). Gest. 1525. Begraben in der Fuggerkapelle bei St. Anna.

Gutmann, Max geb. 1923 in Treuchtlingen. Kaufmann und Mäzen in Augsburg. Gründete 1965 die Prominentenmannschaft »Datschiburger Kickers«, die bereits über zwei Millionen Mark für wohltätige Zwecke eingespielt hat. Gutmann starb 1996. Er vermachte der Stadt wesentliche Teile seines beträchtlichen Vermögens, das in eine Stiftung einfloß, aus der Projekte im sozialen und sportlichen Bereich gefördert werden. Die Stadt benannte eine Straße nach ihrem Gönner und Förderer. 1996 posthum Ehrenbürgerwürde und die Universität Augsburg gab ihrer Sporthalle den Namen ihres Mäzens und Ehrensenators. Eine engagierte Vorstandschaft führt das Werk in seinem Sinne weiter.

Hackher, Konrad   besser bekannt unter dem Namen »Stoinerner Ma«. Augsburger Bäckermeister. Bewies sprichwörtliche schwäbische Schlitzohrigkeit, als er 1634 den feindlichen Truppen, die während des 30jährigen Krieges Augs-

burg belagerten, einen aus den letzten Resten gebackenen Brotlaib von der Stadtmauer aus entgegenhielt, um zu zeigen, daß noch genug Vorräte in der Stadt seien. Entnervt zogen die Feinde ab. Der wackere Bäckermeister freilich bezahlte seine Tapferkeit mit dem Verlust seines rechten Armes, den ihm eine feindliche Kugel mitsamt dem Brotlaib wegriß. Die dankbaren Augsburger Bürger aber setzten dem mutigsten aus der Zunft der Bäcker ein lebensgroßes Denkmal, das heute in einer Nische der sog. Schwedenstiege steht. Immer um die Weihnachtszeit kommt er darüber hinaus zu besonderen Ehren. Dann nämlich steht sein Double auf dem Augsburger Christkindlesmarkt vor der Glühwein-Schänke, die seinen Namen trägt. Wohlgefällig blickt er auf die Besucherströme, die hier eine Rast einlegen, um herrlich duftenden Glühwein und Engeles-Punsch zu genießen.

Haller, Helmut   geb. 1939, 33facher Nationalspieler, erfolgreichster Augsburger Fußballer, Italienprofi, wurde in seiner Jugend »Hemad« gerufen, weil er ein so schmächtiges Knäblein war, daß man auf dem Spielfeld meist nur das »Hemd« laufen sah.

Hessing, Johann Friedrich von   geb. 1838 im mittelfränkischen Schönbronn als 13. Kind einer armen Handwerkerfamilie. Nach Gärtnerlehre Ausbildung zum Schreiner und Orgelbauer. Schrieb als begnadeter Laienorthopäde Medizingeschichte. Richtete 1869 in Göggingen eine »Orthopädische Heilanstalt« ein, wo er Patienten aus ganz Europa und

Übersee behandelte. 1886 ließ er von dem Augsburger Architekten Jean Keller das Kurhaustheater Göggingen errichten. 1904 Hofrat, geadelt 1913, gestorben 1918.

Holbein, Hans d. Ä. geb. um 1465, berühmter Maler und Zeichner. Im Hohen Dom sind seine Bilder an vier Seitenaltären zu bewundern.

Holbein, Hans d. J. geb. 1497 am Vorderen Lech, einer der berühmtesten Zeichner seiner Zeit, lebte am englischen Hofe im Dienste König Heinrichs VIII.

Holl, Elias geb. 1573, großer Augsburger Stadtbaumeister, prägte mit seinen prächtigen Renaissancebauten das Stadtbild seiner Vaterstadt. Erbaute u. a. Rathaus, Perlach, Stadtmetzg, Zeughaus und Rotes Tor. Gest. 1646.

Idler, Salomon geb. 1610, Augsburger Schuhmacher, Vorgänger des berühmten Schneiders von Ulm. 1635 versuchte er, mit einem selbstgebastelten Flugapparat in die Luft zu steigen. Er landete auf dem Dach eines Hühnerstalls. Darauf soll er sein Gerät in Oberhausen zertrümmert haben.

Kager, Johann Matthias geb. 1575 in München. Augsburger Stadtmaler. Schöpfer der 11 Deckengemälde des 1944 im Zweiten Weltkrieg völlig zerstörten Goldenen Saales im Augsburger Rathaus. Als Vorbild für sein Lebenswerk diente ihm der Dogenpalast in Venedig.

Knopf, Jim zeitloser Held der »Augsburger Puppenkiste«. 1998 mit einer Platin-Trophäe ausgezeichnet für 1,2 Mio. verkaufter Videocassetten.

Maximilian I. geb. 1459 in Wiener Neustadt, gestorben 1519 in Wels. Deutscher Kaiser, der gerne und oft (insgesamt

17mal) in Augsburg weilte. Dies und seine großen Verdienste für die Kunst in Augsburg trugen ihm den Beinamen »Bürgermeister von Augsburg« ein. Im Jahre 1500 legte Maximilian den Grundstein zum Chor des Ulrichsmünsters. Mit den Geldern der Fugger und Welser konnte er seine politischen Ziele verwirklichen.

Messerschmitt, Willy geb. 1898 in Frankfurt/Main. Genialer Flugzeugkonstrukteur, der in Augsburg die berühmten Messerschmitt-Werke gründete. Hier flog seine »Me« den Geschwindigkeitsrekord und erreichte sein Nur-Flügelflugzeug mit Düsenantrieb 1943 erstmals die Schallgrenze. 1939 erhielt er den Goldenen Ehrenring der Stadt. Gest. 1978.

Mozart, Leopold geb. 1719 in der Frauentorstraße, Komponist und Musikpädagoge. Vater des Musikgenies Wolfgang Amadeus Mozart. Seine »Violinschule« erschien in vielen Sprachen.

Müller, Nikolaus Josef geb. 1892, gestorben 1980. Erster Augsburger Oberbürgermeister nach dem Zweiten Weltkrieg, von 1947 bis 1964. Seine großen Verdienste liegen in der Leitung des Wiederaufbaus der Stadt.

Oehmichen, Walter geb. 1901 in Düsseldorf, gestorben 1977 in Augsburg. Schauspieler und Oberspielleiter. Kam 1931 nach Augsburg an die Städt. Bühnen, 1948 gründete er die heute weltbekannte Marionettenbühne »Augsburger Puppenkiste«.

Piccard, Auguste geb. 1884 in Lutry. War sowohl in der Höhe als auch in der Tiefe »spitze«. 1931 stieg er von der Augsburger Ballonfabrik Riedinger mit einem Freiballon in eine Höhe von 15 781 m auf. Als Tiefseetaucher erreichte er mit seinem Sohn Jaques 1957 eine Tiefe von 3 150 m.

Schaezler, Wolfgang, Freiherr von geb. 1880, großer Wohltäter. Zum Gedächtnis an seine beiden gefallenen Söhne schenkte er der Stadt 1958 das 1767 errichtete Schaezlerpalais an der Maximilianstraße. 1958 Ehrenbürger. Gest. 1967.

Turamichele der seit 1526 im Perlachfenster erscheinende Erzengel Michael, der jedes Jahr zur Freude der kleinen und großen Augsburger an seinem Namenstag, am 29. September, den Kampf mit dem Drachen siegreich besteht.

Ulrich geb. 890. Großer Schwabenheiliger und 50 Jahre Bischof von Augsburg. Bistumspatron. Besiegte 955 die Ungarn bei der entscheidenden Schlacht auf dem Lechfeld.

Welser, Bartholomäus geb. 1484, berühmtester aus der Augsburger Patrizier- und Kaufmannsfamilie. Führende Gestalt des Unternehmens. Kolonisierung Venezuelas mit seinen Söldner-Expeditionen. Wurde 1532 geadelt. Gest. 1561. Wohnhaus in der Karolinenstraße 21, 1944 zerstört.

Welser, Philippine geb. 1527, schön und intelligent, aus reicher Augsburger Kaufmannsfamilie, Gemahlin Erzherzog Ferdinands II. von Österreich. War u. a. auch eine hervorragende Köchin, deren handgeschriebenes Kochbuch im Schloß Ambras bei Innsbruck aufbewahrt wird. In der »Welser Kuche«, einem Augsburger Spezialitätenlokal, wird noch heute mit Tischsitten wie zu Philippine Welsers Zeiten getafelt.

Zwetschgendatschi »Geburtsdatum« unbekannt. Weltbekannte Augsburger Blechkuchen-Spezialität. Der Sage nach von einer Augsburger Wagnermeistersgattin erfunden. Er verhalf den Augsburgern auch zu ihrer liebenswürdigkecken Bezeichnung »Datschiburger«.

Wo einst die Fürstbischöfe ausspannten – Der Hofgarten

Zwischen den historischen Fassaden der ehemaligen fürstbischöflichen Residenz am Fronhof liegt eine 2700 qm große Ruheoase, die aus den Jahren 1739 bis 1744 stammt. Die Rede ist vom Hofgarten, einem zauberhaften Ort zum Ausspannen mitten in der Stadt. Er ist so etwas wie ein kleiner, schmucker Ableger des Botanischen Gartens. Dieses Kleinod der Gartenkunst überwältigt schon durch seinen äußeren Eindruck. Barocke Gitter in den Mauernischen und die lebensgroßen historischen Figuren auf den Simsen verraten, daß sich dahinter etwas Besonderes verbirgt. Die Pläne und auch die kunstvolle Umzäunung des ehemaligen Residenzgartens schuf Johann Caspar Bagnato, der Architekt der Kapelle auf der Bodenseeinsel Mainau. Nicht immer hatte allerdings die Öffentlichkeit zu diesem zauberhaften Erholungsort Zutritt. In den Hungerjahren nach dem Krieg war der Hofgarten Ruheplatz und simpler Garten, der die hohe Geistlichkeit mit Obst versorgte.

Im Jahre 1965 gestaltete die Stadt das Grundstück völlig um und machte es für die Allgemeinheit zugänglich. Seitdem ist der Hofgarten ein vielbesuchter Ort für Sonnenanbeter und Ruhesuchende. In der anspruchsvollen Gartenanlage gedeihen Tulpenbäume und wärmeliebende Hibiscusbüsche, umrahmt von traumhaft schönen Blumenrabatten. Verspielte Zwerge aus Sandstein, die karikierte Hofschranzen darstellen sollen, bewachen die Erholungssuchenden auf den Ruhebänken. Mittelpunkt des Gartens ist der Seerosenteich, ein Biotop für Zierfische und Wasserschildkröten, neben einem munter plätschernden Springbrunnen, den die Alt-Augsburg-Gesellschaft stiftete. Wohlgefällig blickt der Wassergott Neptun von seinem Sockel in die Runde. Sobald sich die ersten Sonnenstrahlen zeigen, wird die noble Anlage zum Pausentreff von Büroangestellten ebenso wie von Schülern oder Senioren, die in dieser ästhetisch gestalteten Traumkulisse in zauberhafter Umgebung, da wo einst die Fürstbischöfe ausspannten, die Ruhe genießen.

München bei Augschburg

Die Bewohner Bayerisch-Schwabens sind im Herzen, in ihrem Denken und Fühlen in erster Linie Schwaben, aber dann natürlich auch Bayern. Und wenn mit schöner Regelmäßigkeit (sicher nicht bös gemeinte) »Störfeuer« aus der weiß-blauen Landeshauptstadt von der Isar in Richtung Lech gegen die »Datschiburger« und »Schwomdeifi« herübergeschickt werden, bemühen die Augsburger als Antwort immer wieder ganz gerne die historischen Fakten, die da besagen: Im Streit zwischen dem Bischof von Freising und Herzog Heinrich dem Löwen um die von Heinrich zerstörte Brücke bei Feringa (heute Oberföhring) entschied Kaiser Friedrich I. Barbarossa am 14. Juni 1158 auf dem Reichstag in Augsburg zugunsten des Herzogs. Danach konnte die neue Brücke über die Isar beim Dorfe Munichen bestehenbleiben. Der Grundstein für den Markt München wurde somit im Augsburger Rathaus urkundlich gelegt.

Dr Augschburger, des sei a Stamm,
mit dems dia Münchner net so ham.
Und bei dr Sproch, so lossens höara,
däds ihne »zworraloa« glei weara.

»Kloikarierte Beitelschneider«,
»Pfennigfuchser« und so weiter,
behaupten d' Münchner frank und frei,
der Stamm dr Datschiburger sei.

Na, na, des können mir net globa,
vom Lech herüb, mir liabe Schwoba.
Dia Münchner mögn »d' Schwomdeifi«,
dorüber gibt's doch gar koin Zweifi.

Und dene Grantler, dene paar,
zu dene sagen mir ganz klar,
uns bringt des gar net aus dr Ruah,
»d' Spießer vom Lech« moinen drzua:

Do war bei uns scho Reichsstadt-Leba,
hots Müncha ja no net mol geba,
im Rathaus wars, in unsrer Stadt,
wo ma des Müncha gründet hot.

Sonscht wär do drüb', des isch fascht gwieß,
dr Stachus no a große Wies,
wo friedlich aufm grüna Rasa
heit no dädn d' Hasa grasa!

Rathaus und Perlach

Zu den Augsburger Wahrzeichen gehören das Rathaus und der Perlachturm. Das Augsburger Rathaus gilt als der bedeutendste der Renaissancebauten von Augsburgs Stadtbaumeister Elias Holl und als einer der schönsten Profanbauten nördlich der Alpen. Im Jahre 1614 entschloß sich der Rat der Stadt, das spätgotische Rathaus mit dem Glockenturm abbrechen zu lassen, und beauftragte Elias Holl mit dem Neubau. Am 25. August 1615 um 7 Uhr fand die Grundsteinlegung statt, die erste Ratssitzung am 3. August 1620. Die Höhe des Rathauses bis zu den beiden achteckigen, mit Zwiebelhauben versehenen Türmen beträgt 65 m. Über dem Hauptportal der Westfassade steht die Inschrift: »PUBLICO CONSILIO / PUBLICAE SALUTI / MDCXX« (Dem öffentlichen Rat, dem öffentlichen Wohl, 1620). Das Giebelfeld der Westfassade zierte bis 1806 als Symbol der Freien Reichsstadt Augsburg ein bronzener vergoldeter Doppeladler, heute ein in kräftigen Farben gemal-

ter. Den First des Dreieckgiebels bekrönt das Stadtwappen. An der Ostfassade befindet sich das ursprünglich aus dem gotischen Rathaus stammende Steinrelief, das zwei wilde Männer darstellt, die das Augsburger Stadtwappen, die Zirbelnuß, bewachen. Das Spruchband lautet: »CHRISTI TIBI GLORIA / IN AUGUSTA RHAETICA / URBE VERE REGIA« (Dir, Christus, gebührt der Ruhm in Augsburg, der wahrhaft königlichen Stadt).

Prunkstück des Rathauses ist der 32,65 m lange, 17,35 m breite und 14,22 m hohe Goldene Saal. Die Ausstattung des Bildprogrammes im Goldenen Saal bestimmen zwei Leitmotive, der »Kaisergedanke« und der »Moralgedanke«. Nach Ideen von Matthäus Rader SJ fertigte Peter Candid die Skizzen, die Innenausstattung und Bemalung besorgte der Augsburger Stadtmaler Matthias Kager. Die prächtige Decke hängte Elias Holl mit 27 Ketten an dem hölzernen

Dachstuhl auf. Heute sind die Kassetten an einer Stahlsteindecke befestigt. Die kleineren Schnitzelemente sind aus Lindenholz, zur Vergoldung verwendete man 23 1/2-karätiges Blattgold. Die Decke zieren zahlreiche Gemälde, deren markantestes wohl das 24 qm große Mittelovalbild ist. Es zeigt die »Sapientia« (Weisheit). Der Wahlspruch auf dem Band lautet: »Per me reges regnant« (Durch mich herrschen die Herrscher), soll heißen: die wichtigste Tugend der Herrschenden sollte die Weisheit sein. Ein weiteres Rundbild zeigt auch den Erbauer des Rathauses, Elias Holl, mit Rathausgrundrißplan und Zirkel. Weiter abgebildete Frauengestalten sind Jugend, Fruchtbarkeit, Arbeitsamkeit und Frömmigkeit. Über dem südlichen Hauptportal erscheinen in großformatiger Inschrift die Namen des zur Zeit des Rathausbaues herrschenden Kaisers und der Augsburger Bauherren. Über dem nördlichen Hauptportal befindet sich ein Gemälde mit dem Reichsadler, der thronenden Augusta und den Augsburger Flüssen Lech, Wertach, Singold und Brunnenbach, denen wir auch am Beckenrand des Augustusbrunnens auf dem Rathausplatz begegnen.

Der beeindruckende Prachtsaal mit seinen 60 Fenstern hat eine brillante Lichtführung. Er dient heute der Stadt Augsburg zu Repräsentationszwecken und festlichen Veranstaltungen. Ursprünglich sah er natürlich hohe und höchste Herrscher und gekrönte Häupter, unter anderen König Ferdinand IV. sowie Kaiserin Maria Theresia von Bourbon-Neapel, Reichskanzler Otto von Bismarck sowie den letzten bayerischen König Ludwig III.

Im Jahre 1944 brannte das Rathaus beim Luftangriff bis auf die Pfeilerhalle (unterer Fletz) aus. Nach dem Krieg ging man an die Wiederherstellung der Außenfassade, die 1955 abgeschlossen werden konnte. Der Innenausbau war 1962 beendet bis auf den Goldenen Saal. Zur 2000-Jahr-Feier der Stadt Augsburg im Jahr 1985 war die erste Stufe der Wiederherstellung des Goldenen Saales abgeschlossen, die Gesamtrestaurierung im April 1990. Nicht zuletzt mit tatkräftiger Unterstützung des »Goldenen-Saal-Vereins«. Eines der Portale stiftete der Bezirk Schwaben. Heute gehört der Goldene Saal mit zu den »Vorzeigeobjekten«, auf das die Augsburger mit Recht stolz sind.

Der Perlachturm

Der Perlachturm, von den Augsburgern kurz Perlach genannt, zählt neben dem Rathaus, der Stadtmetzg, dem Zeughaus und dem Roten Tor zu den schönsten Bauschöpfungen des großen Stadtbaumeisters Elias Holl. Ursprünglich hatte der Perlachturm die Funktion eines Wachtturms. Der noch heute erhaltene Unterbau stammt aus der Zeit um etwa 1060. Ab 1410 erhöhte man den Turm schrittweise, bis er 1616 seine heutige Höhe von 70,40 m erreichte. Die letzte Aufstockung besorgte Elias Holl, als er die ursprünglich im gotischen Rathaus befindliche Ratsglocke auf den Perlachturm verbrachte. Die laternenartige Bekrönung mit Haube ziert die vergoldete Wetterfahne mit der heidnischen Göttin Cisa. In der Nacht vom 25. auf 26. Februar 1944 brannte der Turm aus. Die Wiedereröffnung war am 1. Mai 1950. Zur 2000-Jahr-Feier der Stadt im Jahre 1985, zu der der Perlach von der Stadt saniert wurde, stiftete die Alt-Augsburg-Gesellschaft ein Glockenspiel, das in den Turm eingebaut wurde und seither Einheimische und Besucher mit seinen Klängen erfreut. Die Vorsilbe des Wortes Perlach »Per« stammt aus dem Althochdeutschen »Pero« für Bär, während »lach« soviel wie Tanz und Spiel bedeutete. Daraus ergibt sich die Erklärung, daß sich an dieser Stelle früher ein Bärentanzplatz befunden hat. Wer gut zu Fuß ist und die 258 Stufen, die

auf den Perlachturm führen, bewältigt, wird an schönen Tagen oben mit einem herrlichen Rundblick belohnt.

Wer bin ich?

An einem kalten Februartag des Jahres 1573 erblickte ich in Augsburg das Licht der Welt. Mein Vater Johannes stand als Werkmeister bei den Fuggern in Brot. 1576 bekam ich als Dreijähriger anläßlich einer Feier bei Maria Stern von der Meisterin der Franziskanerinnen einen Schaupfennig mit einem Salvatorbild geschenkt, was darauf schließen ließ, daß die Zeit der konfessionellen Kämpfe vorbei zu sein schien, denn ich war immerhin das Kind eines Protestanten.

Mit 13 Jahren begann ich eine Lehre bei meinem Vater. Am Neujahrstag 1594 starb er. Ich durfte, inzwischen 21jährig, die von ihm begonnenen Arbeiten nicht zu Ende führen. Die Zunft erhob Einspruch, weil ich noch ein »lediger Gesell« war und die »Meister-Stuck nicht vorgerissen habe«. Beides holte ich nach: 1595 heiratete ich und legte 1596 die Meisterprüfung ab.

Um die Jahreswende 1600 / 1601 lud mich der aus Genf stammende Kaufmann Antoni Garb zu einer sechswöchigen Reise nach Bozen, Verona und Venedig ein, was sich in späteren Jahren in meinem Schaffen niederschlug. Am 8. Juli 1602 trat ich in die Dienste der Stadt Augsburg.

Eine meiner Aufgaben war es, das Wertachbrucker Thor um zwei Gaden (= Stockwerke) zu erhöhen, was »auf Geheiß des Rath« 1605 geschah.

Der 1618 begonnene Krieg, von dem niemand ahnen konnte, daß er dreißig Jahre dauern sollte, riß die Kluft zwischen den Konfessionen wieder schrecklich auf. 1629 müssen die Evangelischen aufgrund des Restitutionsedikts ihre Kirchen räumen. Im gleichen Jahr werde ich aus den Diensten der Reichsstadt entlassen; 1632, als die Schweden in Augsburg einrücken und die Evangelischen wieder die Oberhand bekommen, erneut in mein Amt eingesetzt. Im selben Jahr fiel der Schwedenkönig Gustav Adolf.

1635 mußten die Schweden abrücken, die Kaiserlichen wurden wieder Herren der Stadt. Ich wurde von neuem entlassen.

Am 6. Januar 1646 starb ich 72jährig in Augsburg. Mein Grab ist auf dem Protestantischen Friedhof.

Zweieinhalb Jahre später zog mit dem Ende des 30jährigen Krieges in Augsburg die Parität ein.

Für eine Arbeit, die den besonderen Beifall der Stadtoberen fand, bekam ich einen »vergulten Becher« und 600 Golddukaten.

Antwort: Elias Holl

Wertachbrucker Thor

Der Augustusbrunnen

Augsburg ist die Stadt der vielgerühmten Renaissancebrunnen. Selbstbewußt stehen sie als Ausdruck der Macht und des Kunstsinnes der Augsburger Bürger in den Straßen und Plätzen. Der bekannteste und prächtigste unter ihnen ist sicher der Augustusbrunnen, der zu Ehren des römischen Stadtgründers auf dem Rathausplatz errichtet wurde. Er soll hier stellvertretend für die anderen vorgestellt werden.

Anlaß für seine Errichtung war die 1600-Jahr-Feier der Stadt. Aus ganz Europa hatte der Rat der Stadt Künstler herbeigeholt. Nach den Entwürfen des Holländer Bildhauers Hubert Gerhard goß Stadtgießer Peter Wagner schließlich diesen Jubiläumsbrunnen in den Jahren 1588 bis 1594. Er besteht aus Marmor und Bronze. Die Figur des Kaisers ist 2,50 m hoch und wiegt 27 Zentner. Ein Lorbeerkranz bedeckt sein Haupt, Lorbeer als Zeichen für Ruhm, Ehre und Frieden. Nachdem Witterungseinflüsse und Abgase dem Kaiser arg zugesetzt hatten, verbrachte man ihn vor einigen Jahren nach der Restaurierung in den Rathausfletz. Seitdem hält eine Kopie des Herrschers ihre schützende Hand vom Brunnen über Stadt und

Rathaus. Die Inschriften an diesem Brunnen wurden 1749 durch feuervergoldete Inschriftentafeln ersetzt. Die erste ist dem Kaiser Augustus, dem Gründer und Wohltäter der Stadt, gewidmet. Die zweite Tafel erinnert an Kaiser Rudolf II., in dessen Regierungszeit die Aufstellung des Brunnens fiel, die dritte erzählt vom Gründungsjahr der römischen Kolonie und Bürgermeister Welser, die vierte von Restaurierungsarbeiten am Brunnen. Ihn umgibt ein von Georg Scheff 1594 geschaffenes Gitter, ein Meisterstück der Schmiedekunst.

Vier Wassergottheiten lagern auf dem Beckenrand. Sie sind Sinnbilder der Wasserkraft der Stadt und stellen symbolisch die Flüsse Lech, Brunnenbach, Singold und Wertach dar. Der längste und älteste Fluß, der Lech mit dem Kranz aus Tannenzapfen, Wolfsfell und einem Ruder, das Schilfgräser, Krebs und Fische zieren, steht als Symbol für Schifffahrt, Jagd, Wald und Fischerei. Der mit Eichenlaub, Netz und Fisch verzierte Brunnenbach weist auf den Fischfang hin. Die mit auffallendem Halsschmuck versehene Singold trägt in ihrer Linken ein von seltenen Früchten überquellendes Füllhorn und rechts eine wundervoll verzierte Kanne. Die Singold steht für edles Gewerbe, Garten- und Goldschmiedekunst. Die Wertach schließlich ist dargestellt mit Ähren und Zahnradviertel, Zeichen für Ackerbau, Hammer- und Pumpwerke. An schönen Tagen sind die Brunnenstufen zu Füßen des Kaisers ein beliebter Treffpunkt für die Augsburger Jugend.

Zwei deutsche Kaiser bei der Fronleichnamsprozession

Mit dem Fronleichnamsfest, das immer auf den zweiten Donnerstag nach Pfingsten fällt, sind gleichsam Höhen und Tiefen der Augsburger Stadtgeschichte verbunden. In seinen Ursprüngen geht das Fest auf eine Vision der Augustinerin Juliana von Lüttich zurück und wurde von Papst Urban IV. im Jahre 1264 eingesetzt. Das Fronleichnamsfest mit den prachtvollen Prozessionen gehört zu den Höhepunkten des Kirchenjahres. Glockenklang, Gesänge und Gebete verleihen dem Fest einen feierlichen, freudigen Charakter. An diesem Tag wird die Straße zur Kirche, die Kirche geht auf die Straße. Unter einem Traghimmel wird in der Prozession in der goldenen Monstranz das Allerheiligste mitgeführt. Bischöfe und Priester sind in festliche Gewänder gekleidet. Unmittelbar hinter dem Baldachin schreiten die Abordnungen von Regierung, Stadt und verschiedenen Institutionen, wobei die seit dem Mittelalter festgelegte Prozessionsordnung heute so streng nicht mehr eingehalten wird und auch die »Himmelträger« keine unbedingt weißbehandschuhten Honoratioren mehr sein müssen. Der Prozessionsweg ist mit Birkenbäumchen gesäumt. Am Ende bricht man Zweige davon ab und schmückt damit die Wohnung. Dadurch soll das ganze Jahr über Unheil vom Hause ferngehalten werden. Der Prozessionsweg in Augsburg führt vom Dom über den Hohen Weg, Karolinenstraße, Maximilianstraße und zurück. An vier mit prächtigen Blumenteppichen geschmückten Stationsaltären, wovon einer in Augsburg auch vor dem Rathaus steht, werden feierlich die Evangelien vorgetragen. Den Abschluß bildet der Wettersegen.

Bereits im Jahre 1305 ist in Augsburg eine Fronleichnamsprozession bezeugt. Katharina aus der streng katholischen Augsburger Patrizierfamilie Ilsung sicherte durch eine großzügige Stiftung an die Domkirche schon Anfang des 14. Jahrhunderts die Entfaltung der Prozession. Zweimal zogen sogar Kaiser mit durch die Stadt: im Jahre 1500 Maximilian I., der gerade zu einem Reichstag in Augsburg weilte, und 30 Jahre später Kaiser Karl V., der damit demonstrativ seine Zugehörigkeit zum katholischen Glauben ausdrücken wollte. Aber auch dies hielt den Augsburger Rat nicht davon ab, 1533 die Prozession zu verbieten, weil sie der Parität widersprach. Später einigte man sich dann: die Katholiken begingen mit Glanz und Gloria ihr Fronleichnamsfest, die Protestanten ab 1650 ihr Friedensfest. Seit der Eingliederung Schwabens nach Bayern im Jahre 1806 ist Fronleichnam staatlich geschützter Feiertag.

Maximilian I.

Karl V.

Der Augsburger Dom

Das Christentum in Augsburg findet mit dem Martyrium der heiligen Afra im Jahre 304 seinen ersten persönlichen Ausdruck.

Augsburg ist Bischofssitz. Die Diözese Augsburg umfaßt auch Teile des angrenzenden Oberbayern. Geistliches Zentrum ist der Mariendom. Er ist kein einheitliches Bauwerk wie etwa der Kölner Dom. Aber vielleicht ist ja gerade dieses Konglomerat an Baustilen und Bauabschnitten ein reizvolles baugeschichtliches Dokument. Die Dombaugeschichte ist vom 8. bis 11. Jahrhundert nachweisbar. Neben Ulrich und Afra ist Simpert, der ab 778 Bischof in Augsburg war, einer der Bistumspatrone. 1998 stießen Archäologen bei Bauarbeiten für das Diözesanmuseum auf Reste des Simpert-Domes, der Ende des 8. Jahrhunderts gebaut, 807 eingeweiht und im 9. Jahrhundert durch ein Feuer zerstört wurde. Die 1065 geweihte romanische Kirche wird von 1320 bis 1346 gotisiert. Der älteste Teil ist die aus dem 10. Jahrhundert stammende Krypta unter dem Westchor, angelegt unter Bischof Ulrich. Fresken stammen aus romanischer und gotischer Zeit, vier Tafelbinder von Hans Holbein d. Ä. von 1493. Die Gesamtlänge des Domes beträgt 113,25 m, die Breite 38,70 m. Es ist eine dreischiffige Basilika, die Bronzetüren zählen mit zu den bedeutendsten des 11. Jahrhunderts in Europa. Die Prophetenfenster – sie zeigen Daniel, Hosea, David, Jonas und Moses – im südlichen Mittelschiff sind der bislang älteste bekannte Glasgemäldezyklus der Welt, vermutlich entstanden um 1140. Die gläserne Pracht zählt zu den glanzvollsten Zeugnissen frühmittelalterlicher Glasbildkunst. Das Mittelschiff ist von sieben Kapellen umgeben. Das Chorgestühl im Ostchor stammt von

Bischof Ulrich

1430. 1431 wird eine jahrhundertewährende Bauzeit am Dom mit der Weihe des Ostchors abgeschlossen. 1962 wurde ein neuer Hochaltar mit einer Bronzegruppe geschaffen. Das überlebensgroße Wandbild »Christophorus« im südlichen Querarm stammt von 1491. Anziehungspunkt ist auch eine Bildnisgalerie der Augsburger Bischöfe, die inzwischen fast 80 Porträts umfaßt. Sie beginnt mit – dem allerdings noch legendären – Dionysius (auch Zosimus) aus dem 4. Jahrhundert. Historisch gesichert wird sie dann mit Bischof Wikterp (738–772). Im Jahre 1987 besuchte Papst Johannes Paul II. Augsburg. An dieses Ereignis erinnert eine Gedenktafel im Dom.

Hier schlägt das Herz der Stadt – Der Stadtmarkt

Noch heute erinnern Bezeichnungen wie Obstmarkt (wo 407 Jahre, ab 1523, Obst verkauft wurde), Kesselmarkt, Fischmarkt oder Wollmarkt daran, daß das Marktgeschehen früher auf verschiedene Plätze und Straßen im Stadtgebiet verteilt war. Die Geburtsstunde des Augsburger Stadtmarkts, dessen ursprüngliche Bezeichnung »Augsburger Markthallen« lautete, schlug im Jahre 1930. Damals kaufte die Stadt das rund 11 000 qm große Gelände der Tabakwarenfabrik Lotzbeck. Seitdem prägt der Augsburger Stadtmarkt das Stadtzentrum entscheidend mit. Über 100 Beschicker garantieren ein vielfältiges Angebot. Durch eine Vielzahl von Aktivitäten unter freiem Himmel vom Kabarett über Musikdarbietungen in der Reihe »Stadtmarkt live« bis hin zu besonderen Aktionswochen wird das »Herz der Stadt« ständig attraktiver gemacht und für neue Besuchergruppen erschlossen. Ein prächtiger Christbaum für alle gehört ebenso zur liebgewonnenen Einrichtung im Jahreslauf wie ein stattlicher Maibaum. Und in der Viktualienhalle werden neben Kulinarischem in einer Kunstgalerie die Werke von Hobbykünstlern präsentiert. Auch an Tagen, an denen der sogenannte »Bauernmarkt« stattfindet, strömen die Augsburger auf ihren Stadtmarkt, der allein schon wegen der herrlichen Düfte, der bunten Farbenpracht und dem Flair immer einen Besuch lohnt.

A Bauernmarkttag in dr Stadt
an bsondra Reiz für d' Stadtleit hot.
Des Angebot isch riesagroß,
ja wo fang i a jetz bloß?

Bluamakohl und Kopfsalat,
Rettig, Sellrie und Spinat,
Radiesla nimm i o no mit,
drauf hab i immer Appetit.

Kohlrabi, Bohna, knackig frisch,
grad recht so für da Mittagstisch,
und do der Krautskopf nebadra,
der lacht oin ja glei direkt a.

Göckel und ganz frische Eier,
Kirscha sin a bißle teier,
aber do der Feldsalat,
der hot scheints auf mi no gwart.

Tomata, Äpfel gibts do drüba,
Gurka, Birna, gelbe Rüaba,
und schaut er net prächtig aus
der Bauragartabluamastrauß?

Nemmer no was mit, 'gnä Frau,
alles frisch und Eigenbau,
dr Herr Gemahl hätt gwieß a Freid,
kriagt er a Suppenhenna heit.

Mei bisch du a nettes Büable,
komm du kriagsch a gelbes Rüable,
und an Apfel no drzua,
so wirsch du a großer Bua.

Wenn mittags dann dr Gockl kräht,
woiß ma, daß d' Uhr auf zwölfe steht,
der Bauernmarkt macht ihm viel Freid,
drum kräht er glei no lauter heit.

Der Duft, dia Farba, halt des Flair,
ziehan oin immer wieder her,
und ma kommt zu dem Ergebnis:
A Tag am Markt isch a Erlebnis!

Ein Hauch von »Arena di Verona« am Roten Tor

Neben ihrem Stadttheater (einem Drei-Sparten-Haus), dem Schauspielhaus Komödie und der berühmten Puppenkiste lieben die Augsburger vor allem ihre Freilichtbühne, die als eine der schönsten im süddeutschen Raum gilt. Freilichttheater hat in Augsburg eine lange Tradition. Bereits 1928 wurde vor den Kirchen St. Ulrich und Afra der »Jedermann« aufgeführt und ein Jahr später, im August 1929, die Freilichtbühne am Roten Tor mit der Aufführung des »Nachfolge-Christi-Spiels« von Max Mell eröffnet. Die Oper »Fidelio« stand im selben Jahr auf dem Spielplan. Im Dritten Reich mit dem Prädikat »Reichswichtige Spiele« versehen, wurde die Freilichtbühne zur ständigen Sommerspielstätte. Die Leitung hatte der Intendant des Stadttheaters.

Wenn auch die Zeiten der 50er Jahre, in denen glanzvolle »Italienische Festwochen« mit großen Verdi-Opern und hochkarätigen Sängern (u. a. Ettore Bastianini als »Rigoletto«) einen Hauch von »Arena di Verona« in die alten Wallanlagen am Roten Tor zauberten, wegen verschiedener Zwänge nun leider vorbei sind, Oper-, Operetten- oder Musicalaufführungen werden noch immer zu großen Theatererlebnissen, und über 2000 Zuschauer im weiten Rund genießen dann die besondere Freilichtbühnenatmosphäre.

Ein Feiertag nur für die Augsburger

Mancher Tourist, der am 8. August die Stadt besuchte, hat sich schon verwundert die Augen gerieben: alle Geschäfte und Betriebe geschlossen, liegt Augsburg etwa im Sommerschlaf? Im Gegenteil, es wird gefeiert, und zwar etwas in Deutschland Einmaliges: das Augsburger Friedensfest. Ein Feiertag, den es nur in der Stadt Augsburg gibt.

Das »Augsburger Hohe Friedensfest«, wie es offiziell heißt, gibt es seit 1650. Ihm liegt eine Dankbezeigung der evangelisch-lutherischen Bevölkerung der damals freien Reichsstadt für die Wiedererlangung ihrer paritätischen Rechte und Freiheiten durch den Westfälischen Frieden von 1648, der den 30jährigen Krieg beendete, zugrunde. Bis 1949 ausschließlich ein kirchliches Fest, wird dieser Tag seit 1950 als staatlich anerkannter, gesetzlich geschützter, arbeitsfreier Augsburger Exklusivfeiertag begangen. Die Augsburger sind stolz, daß sie als einzige Stadt auf der ganzen Welt einen Feiertag haben, der dem Frieden gewidmet ist. Inzwischen ist aus dem rein evangelischen Feiertag auch ein ökumenischer geworden.

Am 8. August 1650 war für die evangelischen Bürger der Reichsstadt Augsburg die Zeit der Unterdrückung vorbei. Sie waren wieder gleichberechtigt mit den Katholiken, erhielten ihre Kirchen zurück und konnten auch wieder in den Rat der Stadt und in Ämter gewählt werden. Damit war auch der 1618 begonnene unselige Glaubenskrieg beendet, in dessen Verlauf am 8. August 1629 die evangelischen Kirchen beschlagnahmt und die meisten Geistlichen vertrieben wurden. Von 1635 bis zum Ende des Krieges hielten die evangelischen Christen ihre Gottesdienste im Hof des Annakollegs ab. Dies erklärt auch, warum die Protestanten den 8. August für das Friedensfest wählten. Die Kriegsnot war nun vorbei, und jedes Kind durfte sich beim Kinderfriedensfest über einen »Friedenswecken« freuen. Von 1651 bis 1789 gab es am Tag des Friedensfestes auch »Friedensgemälde«, Kupferstiche mit allegorischem, aber auch realem Hintergrund. Dieser Brauch wurde von 1938 bis 1940 erneut gepflegt. In unseren Tagen gibt es alljährlich einen Malwettbewerb für Schüler zum Friedensfest.

1980 beschloß der Augsburger Stadtrat die Vergabe des Preises »Augsburger Friedensfest«, der für besondere Leistungen zur Förderung interkonfessioneller Gemeinsamkeiten vergeben wird und neben einer Ehrenurkunde aus einer Medaille und einem Geldbetrag besteht. 1985 zum 2000jährigen Stadtjubiläum wurde er erstmals verliehen, danach im dreijährigen Turnus. Die Bekanntgabe des Preisträgers erfolgt am Tag des Augsburger Friedensfestes.

Am 31. Oktober 1999 ist Augsburg Schauplatz eines ökumenischen Weltereignisses, bei dem in der St.-Anna-Kirche mit der »Gemeinsamen Erklärung zur Rechtfertigungslehre« das bislang bedeutendste Ökumene-Dokument unterzeichnet wird.

Die Fuggerei

Zu den großen touristischen Anziehungspunkten in Augsburg zählt die Fuggerei. Ein Besuch in der ältesten Sozialsiedlung der Welt gehört gewissermaßen zum »Pflichtprogramm«. Sie ist aber auch etwas Einmaliges, diese »Stadt in der Stadt«.

Im Jahre 1516 beschlossen Jakob Fugger der Reiche und seine beiden Brüder Ulrich und Georg, diese religiös motivierte Siedlung für »arm, dürftig Bürger und Inwohner zu Augsburg, von Handwerker, Taglöhner und anderen, so öffentlich das Almosen nicht suchen«, zu errichten. 1523 standen die 53 Häuschen mit je zwei Wohnungen zur Verfügung. Der Jahresmietzins betrug 1,72 Mark (damals ein Rheinischer Gulden). Bis heute hat sich daran nichts geändert. Zu dieser Art »Anerkennungsgebühr« kommen noch die für Mietwohnungen üblichen Nebenkosten. Die Gründer gaben ihrer Siedlung keinen Namen. Die Bewohner selbst haben sie getauft und nannten sie den edlen Stiftern zum Dank »Fuggerei«. 1581 beauftragten Markus und Philipp Eduard Fugger Hans Holl, den Vater des Rathauserbauers Elias Holl, mit dem Bau der Markuskirche in der Fuggerei. Sie birgt eine Fülle von Kunstschätzen. Am Giebel ist der Wahlspruch Jakob Fuggers »Nütze die Zeit« mit den beiden Fuggerwappenlilien zu sehen.

Der Unterhalt dieser historischen Sozialsiedlung wird aus den Mitteln der Fuggerschen Stiftungen ohne öffentliche oder kirchliche Zuschüsse bestritten. Das Stiftungsvermögen kommt aus Waldbesitz, Landwirtschaft und Immobilien. Am 25. Februar 1944 beim großen Luftangriff auf Augsburg im Zweiten Weltkrieg wurde die Fuggerei zu zwei Dritteln zerstört, bis 1955 wieder aufgebaut und nach dem Zukauf von Grundstücken erweitert. Die Fuggerei ist mit einer »Stadtmauer« umgeben, deren Tore um 22 Uhr geschlossen werden. Ein Zugang ist dann nur noch über das »Ochsentor« möglich. Wer bis Mitternacht das Tor passiert, schuldet dem Nachtwächter 50 Pfennige, danach ist mit »Nachtzuschlag« 1 Mark zu berappen.

Ursprünglich wohnten in der Fuggerei Familien mit ihren Kindern zusammen, heute ist sie eine Altensiedlung, was wiederum nicht mit einem Altenheim verwechselt werden darf. Jeder versorgt sich hier selbst. Um in die Fuggerei aufgenommen zu werden, muß man mindestens 55 Jahre alt sein, einen einwandfreien Leumund haben, nicht durch eigenes Verschulden in Not geraten, in Augsburg ansässig und katholisch sein. Die Mietverträge auf die »Gnadenwohnung« gelten auf Lebenszeit, das Recht auf die Wohnung ist weder vererb- noch übertragbar. Als »Gegenleistung« ist das tägliche Gebet für die Stifter und Wohltäter der Fuggerei vorgeschrieben, ein Vaterunser, Ave Maria und das Glaubensbekenntnis.

Eine Gedenktafel am Häuschen Mittlere Gasse Nr. 14 erzählt, daß zwölf Jahre (von 1681 bis 1693) der Augsburger Maurer Franz Mozart, der Urgroßvater des Musikgenies Wolfgang Amadeus, in der Fuggerei wohnte. Er war vermutlich wegen einer damals »unehrbaren« Tat in bittere Not geraten. Er hatte die Leiche eines Scharfrichters begraben und bekam daraufhin keine Aufträge mehr.

Das kleine Fuggereimuseum in der Mittleren Gasse Nr. 13 erschließt den Besuchern die Wohnsituation um etwa 1520. Es enthält eine im ursprünglichen Zustand erhaltene Erdgeschoßwohnung, ausgestattet mit altem Mobiliar und Hausrat. Dokumente geben Einblick in die Geschichte der Fuggerei, und ein Modell zeigt die Siedlung im Zustand vor der Teilzerstörung im Zweiten Weltkrieg.

Schwäbische Küche zum Verlieben

Die schwäbische Küche mit ihren ureigenen Spezialitäten vom Ries bis ins Allgäu genießt zu Recht einen hervorragenden Ruf. Natürlich wartet auch die ausgezeichnete Gastronomie der Hauptstadt Bayerisch-Schwabens mit zahlreichen typisch schwäbischen Spezialitäten auf. Hier ein paar Tipps (vorwiegend im Stadtzentrum gelegen):

Bauerntanz, Bauerntanzgasse 1, Telefon 15 36 44 (Altstadt)
Fuggerei-Stube, Jakoberstraße 26, Telefon 3 08 70
(Nähe Fuggerei)
Fugger-Keller, Maximilianstraße 38, Telefon 51 62 60
(Innenstadt)
Marktgaststätte im Stadtmarkt, Telefon 3 38 98 (Innenstadt)
Oblingers Restaurant, Pfärrle 16, Telefon 34 58 30
(Nähe Dom)
Ratskeller, Rathausplatz 2, Telefon 34 52 00 (Innenstadt)
Wirtshaus am Lech, Leipziger Straße 50, Telefon 70 70 74
(Nähe MAN)
Zeughaus-Stuben, Zeugplatz 4, Telefon 51 16 85
(Innenstadt)
Zirbel-Stuben im Hotel »Augusta«, Ludwigstraße 2,
Telefon 50 14-107 (Innenstadt)
Zum Ochsen, Klausenberg 2, Telefon 9 13 81 (Göggingen/
Nähe Kurhaus)
Zum Weißen Hasen, Annastraße/Unter dem Bogen 4,
Telefon 51 85 08 (Innenstadt)

Kulinarisches aus Küche und Keller:
Augsburger Hof, Auf dem Kreuz 2, Telefon 3 14 08 30
(Nähe Dom)
Bertele, Philippine-Welser-Straße 4, Telefon 3 30 44
(Innenstadt/Rathausplatz)
Die Ecke, Elias-Holl-Platz 2, Telefon 51 06 00 (Innenstadt)

Feinkost Kahn, Annastraße 16, Telefon 31 20 31
(Fußgängerzone)
Maximilian's, im Steigenberger »Drei Mohren«,
Maximilianstraße 40, Telefon 5 03 60 (Innenstadt)

Erlebnisgastronomie gibt's im
König von Flandern, der urigen Gasthausbrauerei,
Karolinenstraße 12, Telefon 15 80 50 (Innenstadt)
Café und Bistro im Baujuwel Kurhaustheater Göggingen,
Klausenberg 6, Telefon 9 06 22 80 (Göggingen)
Café Mercedes im Autohaus Mercedes, Haunstetter Str. 73,
Telefon 5 70 33 20

Einzigartig getafelt
wie zu Zeiten der Patriziertochter Philippine Welser
wird in der **Welser Kuche** im »Stiermannhaus«,
Maximilianstraße 83, Telefon 0 82 31/9 61 10
(Nähe St. Ulrich) – nur abends beim mittelalterlichen
Schlemmermahl.

Typisch schwäbisch

»*An ihrer Sprache werdet ihr sie erkennen*«, *heißt es schon in der Bibel. Und bei den Schwaben müßte man hinzufügen: und an ihrer Küche. Sie kann sich aber auch wirklich sehen und schmecken lassen mit ihren typischen Spezialitäten vom Ries bis ins Allgäu. Auch in zahlreichen Augsburger Gaststätten werden diese schwäbischen Köstlichkeiten serviert. Ein paar davon wollen wir uns nun auf der Zunge zergehen lassen:*

Riebele-Suppe »A Süpple ghört zum guata Essa, a echter Schwob weards nia vergessa«, heißt es so treffend in einem Gedicht. Zu den besonders beliebten Suppenspezialitäten gehört hierzulande die Riebele-Suppe. In eine saftige Fleischbrühe, aus der schon einige »Augen« herausschauen dürfen, wird ein Nudelteig gerieben. Fertig ist die Riebele-Suppe, wenn die kleinen Teigbröckchen goldgelb aus dem Suppentopf lachen, Schnittlauch dazu, und der »Suppenschwabe« ist im Siebten Himmel.

Kässpätzle Diese alte schwäbische Nationalspeise ist nicht nur das Leibgericht der Allgäuer, sondern vieler Schwaben. Die echten Kässpätzle werden mit geschmolzenem Emmentaler Käse zubereitet, der dann beim Essen anständig Fäden ziehen muß. Mehl, Eier, Salz, Butterschmalz und Wasser braucht man dazu. Der zähe Teig wird durch ein großlöchriges Sieb in kochendes Wasser gedrückt und mit Schaumlöffeln herausgeholt. Jetzt wird »geschichtet«: eine Lage

Spätzle, eine Lage geriebener Käse. Zum Schluß kommen gebräunte Zwiebeln darüber. Eine besondere Note erhält diese Spezialität noch durch Backsteinkäse. Guten Appetit!

Schupfnudla Sie haben ihren Namen von »schupfa«, eigentlich »schüpfen«, womit gemeint ist, daß man etwas durch schnellen Stoß zu einem kurzen Schwung bewegt. Das Mehl mit Salz und Wasser wird kräftig durchgeknetet und der Teig in kleine Stücke geschnitten. Auf einem mit Mehl bestäubten Brett werden sie dann »g'schupft« und in Salzwasser gekocht. Gut abtropfen lassen und in Schweineschmalz hellbraun braten. Mit Sauerkraut kommt diese typisch schwäbische Leibspeise dann auf den Tisch.

Katzeng'schrei Katzen schreien hier allenfalls vor Freude, wenn ihnen dieses Gericht serviert wird. Kleine Stückchen von gekochtem kaltem Rindfleisch werden mit goldgelb angebratenen Zwiebeln, verquirlten Eiern und Salz vermengt und herausgebacken.

Augsburger Bratwürste Eine besonders schmackhafte Augsburger Spezialität schon seit dem 18. Jahrhundert. Das etwa vier Tage abgelagerte Fleisch wird durch den Fleischwolf gedreht und mit Pfeffer und Salz gewürzt. Am nächsten Tag kommen feinst gewürfelter Speck, Zwiebel und Gewürze dazu. Jetzt füllt man Rinddärme und bindet sie handbreit ab. Fünf Tage kalt räuchern und anschließend bis zu einigen Wochen lufttrocknen. Zum Verzehr knusprig braten und mit Sauerkraut servieren.

Dampfnudla Der Stolz jeder schwäbischen Hausfrau sind »Dampfnudla«, am besten mit einer schönen Kruste, der »Schubet«. Man ißt sie mit Schleifersbrühe oder Vanillesoße.

Hutzlakrapfa Die »Hutzla«, also die getrockneten Birnen, werden über Nacht eingeweicht, am nächsten Tag aufgekocht und Stiel und Blüte entfernt. Nachdem man die

Früchte durch den Fleischwolf gedreht hat, wird die Masse mit Zimt und Zucker abgeschmeckt und mit Hutzelbrühe geschmeidig gerührt. In zu Krapfen geformtem Hefeteig wird jetzt die Masse eingefüllt, die Ränder mit Eiweiß bestrichen und in Fett herausgebacken. Ganz »Süße« können jetzt noch Puderzucker darüberstreuen.

Versoffene Jungfern   Der Name dieser schwäbischen Spezialität klingt ebenso köstlich wie die Speise gut schmeckt. Man verrührt Mehl, Milch und Salz zu einem glatten Teig. In gleichmäßige Teile geschnittene alte Semmeln werden jetzt in Apfelmost gelegt, wo sie sich vollsaugen können. Im vorbereiteten Pfannenkuchenteig bäckt man sie anschließend in schwimmendem Fett goldgelb. Herausgenommen werden sie in einer Zimt-Zucker-Mischung gewälzt und mit Vanillesoße serviert.

Nonnenfürzla   Diese etwas despektierliche Bezeichnung steht für eine ganz köstliche Süßspeise in Form von kleinen Knödeln aus Mehl, Butter, Milch und etwas Salz, dazu Eier, Zucker und Backpulver. In schwimmendem Fett goldgelb hausgebacken, runden sie jedes schwäbische Mahl in idealer Weise ab.

Augsburger Zwetschgendatschi   Auf ein gebuttertes und mit Bröseln bestreutes Backblech legt man den Hefeteig und walkt ihn fingerdick aus. Jetzt zieht man den Rand etwas hoch. Gewaschene und entsteinte Zwetschgen werden schräg, eng aneinanderliegend aufgelegt und mit Zimt bestreut. Den fertigen Datschi kann man je nach Geschmack noch mit Zucker bestreuen.

Der Augsburger Plärrer – Größtes Volksfest in Schwaben

Wer heute im Frühjahr oder Herbst auf den Augsburger Plärrer geht, ahnt vielleicht gar nicht, welch wechselvolle Geschichte Schwabens größtes Volksfest hinter sich hat. Wir müssen weit in die Vergangenheit zurückblättern, um zu seinen Wurzeln zu kommen. Entstanden ist der Plärrer, der auf eine über 120jährige Tradition zurückschauen kann, aus den Dulten, deren Anfänge sich bis ins 8. Jahrhundert zurückverfolgen lassen. Sie fanden im Stadtzentrum, auf der Maximilianstraße und in den Seitengassen statt. Um 1880 zog man damit in die Jakobervorstadt. Zu dieser Zeit entstand neben den ambulanten Händlern auch ein neuer Beruf, der des Schaustellers. Als manchen lärmgeplagten Zeitgenossen das »Geplärre« zu laut wurde, trennte man 1878 kurzerhand Schaugeschäfte und Schießbuden von den Dulten ab und verlegte sie auf den »Kleinen Exerzierplatz«. 1880 taucht erstmals der Name »Plärrer« auf. Der »Kleine Exerzierplatz«, vor den Toren der Fuggerstadt in den Wertachauen gelegen, war ein buckliges Gelände. Daß die Schausteller über diese »Verbannung« alles andere als glücklich waren, kann man sich denken, kostete sie doch Besucher. Zwar hatte Augsburg 1880 bereits etwa 60 000 Einwohner, aber die Stadt entwickelte sich erst um die Jahrhundertwende auch über den Klinkerberg hinaus. Die wenigen Schausteller, die ab 1878 auf dem Plärrer ihre Buden aufbauten, boten für jeweils acht Tage ihre Belustigungen an. Die Gebühr pro Quadratmeter Standfläche betrug 50 Pfennige. Bald stand auch auf dem Plärrer als erste Attraktion ein Dampfkarussell, dazu ein Nürnberger Diorama und eine »Abnormitäten-Schau«, die Riesen präsentierte. Natürlich waren Aussehen und Attraktionen auf dem Plärrer einem starken Wandel unterworfen. Zunächst war er ein Vergnügungspark ohne besondere kulinarische Genüsse. Alkohol war lange Zeit überhaupt kein Thema. Noch 1879 lehnte der Stadtmagistrat das Aufstellen einer Bierbude ebenso ab wie den Verkauf von Zigarren. Erst 1911 dürfen mit behördlichem Segen erstmals Bier und Wein ausgeschenkt werden, dann ist wieder zehn Jahre lang Pause. 1921 kamen Bier-, Wein- und Likörbuden, und sogar ein Bierzelt feiert Premiere. Allmählich nahm der Plärrer die Form an, wie wir ihn heute kennen. 1929 ist in der Plärrer-Ausschreibung für die Stellplätze zu lesen »Plärrer in Augsburg mit Bierzeltbetrieb«. Die älteren Augsburger erinnern sich auch an so liebgewonnene Lokalmatadore wie den »unbesiegbaren« Ringer »Kraft-Mayer« oder das Augsburger Original Kaul mit seinen weißen Mäusen.

Der Krieg erzwang eine Plärrerpause, 1945 gab es dann einen »Not-Plärrer«. Das Gelände war mit Bauschutt überladen und Kinderkarussell, Schiffschaukel, Fahrgeschäft und Spielbuden nahmen sich neben den noch vorhandenen Holzbaracken, die für ehemalige Kriegsgefangene gebaut worden waren, noch etwas seltsam aus – aber immerhin, ein Neuanfang war gemacht dank der Schausteller, die allen Schwierigkeiten trotzten. Allmählich nahm der Plärrer wieder an Umfang zu. Daß im Laufe der Zeit daraus Schwabens größtes Volksfest wurde, hängt sicher auch mit den zwei 7000 Besuchern Platz bietenden Bierzelten zusammen, zu denen sich im Laufe der Zeit noch zwei kleinere gesellten. Zusammenhalt wird bei den Schaustellern von jeher großgeschrieben. Manche Schaustellerunternehmen beschicken schon seit mehreren Generationen »ihren« Plärrer. Diesem Gemeinschaftssinn ist es auch zu verdanken, daß das Plärrer-Gelände im Jahre 1973 befestigt und zu einem idealen Volksfestplatz wurde.

Alljährlich bewerben sich nahezu 400 Schausteller um einen Standplatz auf dem Plärrer, nur ein knappes Viertel kann berücksichtigt werden – eindrucksvoller Beweis für die Beliebtheit dieses größten Volksfestes in Schwaben, das eine halbe Million Besucher anzieht und damit natürlich auch zum nicht uninteressanten Wirtschaftsfaktor für die Stadt geworden ist, den sie zunehmend in ihr Marketingkonzept einbindet. Zwar ist das Münchener Oktoberfest das größte Volksfest der Welt, Top-Neuheiten in Fahrgeschäften haben aber immer wieder auf dem Augsburger Frühjahrsplärrer Deutschlandpremiere, ehe sie im Herbst in der weißblauen Landeshauptstadt auf der Theresienwiese zu bewundern sind. Die Stadt als Veranstalter und eine ideenreiche Schausteller-Vorstandschaft lassen sich für die Attraktivität des Plärrers eine Menge einfallen vom großen Festumzug über Familien-, Kinder- und Seniorennachmittage bis hin zum prächtigen Brillantfeuerwerk.

Plärrerfreuden

Der Augsburger Plärrer, das größte schwäbische Volksfest, zieht jedes Mal rund eine halbe Million Besucher an. Jung und alt, groß und klein finden dort ihr Vergnügen. Begleiten wir nun einen kleinen Datschiburger Plärrerbesucher, der, von den vielen Eindrücken überwältigt, gar nicht weiß, wo er zuerst anfangen soll.

Endlich isch dr Plärrer do,
lang hab i drauf gwartet scho,
auf d' Skooterauto, Karussell,
ja wo fahr i denn jetz schnell?

Wellaflug und Goischterbah,
ja des macht mi alles a,
und im Riesarad drneba,
ka ma d' Stadt von drob erleba.

Zuckerwatte, Kokosschnitz,
o im Looping gern i sitz
und a Brezg mit Steckerlfisch
am beschta aufm Plärrer isch.

Dr Vater hockt im Bierzelt drin,
noch Schiffschaukla steht mir dr Sinn.
Plärrer, ja du bisch mei Freid,
a Stück von dr Glückseligkeit!

D' Augschburger Sproch

Das Schwäbisch gibt es ja bekanntlich nicht. Genausowenig, wie es einen einheitlichen oberbayerischen oder fränkischen Dialekt gibt. Man unterscheidet in Bayerisch-Schwaben vom Rieser Becken im Norden bis zu den Allgäuer Alpen im Süden ein rundes Dutzend verschiedener Schwäbisch mit deutlichen regionalen Unterschieden. Natürlich gibt es viel mehr, nicht selten ist der Dialekt von Dorf zu Dorf verschieden, aber man spricht von rund 12 mit klarer, eigenständiger Klangfärbung. Es ist ja auch logisch, daß ein Nördlinger im Ries anders schwätzt als ein Kemptener im Allgäu; aber alles ist Schwäbisch. Ja und dann gibt es da noch jenes 13. Schwäbisch, die berühmt-berüchtigte »Augschburger Citysproch«, die nur in der schwäbischen Metropole anzutreffen ist. In der über 2000 Jahre alten ehemals freien Reichsstadt wird ein ganz besonderes Schwäbisch gesprochen, von dem Spötter immer wieder behaupten, es sei überhaupt kein eigenständiger Dialekt, sondern »eine Mischung aus Hochdeutsch, Bayerisch und Schwäbisch«. Wie dem auch sei, einen echten »Datschiburger«, wie die Augsburger auch liebevoll-scherzhaft genannt werden, ficht dies nicht an. Kennt man doch einen Augsburger mit seinem unverwechselbaren Idiom unter Tausenden heraus. Und das ist doch auch schon etwas, gell?

Wenn oiner spricht an Dialekt,
hoißts glei, der Mensch isch net perfekt,
recht schnell isch ma do bei dr Hand,
und zählt ihn zu am undra Stand.

Dr Augschburger wird manchmol gneckt,
er hätt koin gscheida Dialekt,
so wia er red', der Mundartbrei,
net bayrisch und net schwäbisch sei.

Wer so was sagt, red' doch a Blech,
mir schwätzn schwäbisch do am Lech –
ka sei mit bißle Hochdeitsch drin,
weil mir ja schließlich d' Hauptstadt sin!

Dr Datschiburger

Wenn oiner mi an Datschi hoißt,
ka mi des net schiniera,
i wart, bis er in Datschi beißt,
den i ihn loß probiera.

No lach i ihn recht freindlich a,
wia ma des halt so duat,
auf oimol strahlt der guate Ma:
Mei isch der Datschi guat!

Ja, gern wird unser Datschi gessa,
von Schwoba bis nach Preißa,
o d' Ami sin ganz drauf versessa,
und des will fei was hoißa!

Dät dr Auguschtus heit no leba,
i trauat mi fascht wetta,
wenn ma dem dät a Stickle geba,
der Datschi dät dem Kaiser schmecka!

I glob, der streckt sei Hand so num
am Rathausplatz so still,
weils do oft tragn Datschi rum
und er halt o a Stickle will.

Was jedr mag und so guat schmeckt
ka nix zum Ärgra sei
und wenn mi wiedr oiner neckt,
sag i: sei still, beiß nei!

Datschiburger Humor

Nett isch dr Datschiburger, gell,
des derf ma laut verkünda
und gäbs ihn net, müaßt auf dr Stell,
da Datschiburger ma erfinda.

Dr Datschiburger, der dät geha
zum Lacha oftmols in da Keller,
ma dät ihn selta fröhlich seha,
recht grantig sei er schneller.

Des isch a Gschwätz, schaut bloß so aus
fir andre, des ka möglich sei;
mir lachen bloß net lauthals naus,
mir schmunzeln liaber in uns nei.

Weil oins isch klar, ihr liabe Leit,
und mir ham des begriffa,
wo aufgsetzt isch bloß d' Fröhlichkeit,
auf den Humor isch pfiffa.

Mir schwätzn o net bsonders viel,
sinnieren oft inwendig nei,
wer wenig schwätzt kommt o ans Ziel
und red net soviel Schmarrn drbei.

Doch hot uns mol begeischtert was,
no freien mir uns aber gscheid,
do ham mir unsern Riesaspaß,
des isch die schwäbisch' Gründlichkeit.

Zum Schluß no oins, ihr Dama, Herra,
des fallt mir grad no ei:
ma ka koi Datschiburger wera,
a Datschiburger muaß ma sei.

Und später mol, im Himmel drob,
mir bildn uns des net bloß ei,
dr Datschiburger derf – gottlob –
ins Datschiburger Stüble nei.

Wie der »Augsburger Datschi« erfunden wurde (Eine sagenhafte Geschichte)

Vor langer Zeit lebte in Augsburg ein Wagner, dem die Bierbänke im Wirtshaus um vieles lieber waren als die in der Kirche und Werkstatt. Statt Gulden brachte er seinem braven Weibe des öfteren einen »Hagelrausch« heim. Ging ihm was daneben, fluchte er, was das Zeug hielt, wobei er nicht selten den wenig frommen Spruch ausstieß: Wenn na alles dr Teifl holla dät!

Als nun der Tag herankam, wo der Wagner auf dem Sterbebett lag, meldete sich der Teufel, um die Seele des Wagners zu holen. Sein Weib jammerte: »Jössasmariaundjosef, jetzt geht's meim Alta an da Kraga!« Weil sie ihren Mann aber gar so gern hatte und ihn um alles in der Welt vor der Hölle bewahren wollte, bettelte sie den Teufel, er möge den Wagner doch noch ein paar Jährchen leben lassen. Vielleicht dachte sie auch an das alte schwäbische Sprichwort: Es kommt nix Bessers noch. Da erblickte der Teufel ein großes Wagenrad, das an der Türe lehnte, und weil ihm vor Hunger der Magen knurrte und er Mitleid mit der jammernden Wagnerin hatte, sagte er: »Wenn du es fertigbringst, mir aus dem Rad eine Mehlspeis zu machen, will ich gehen.«

Nun hatten die Augsburger ja glücklicherweise schon seit 1526, als das Turamichele zum ersten Mal dem Teufel den Garaus machte, Erfahrung im Umgang mit diesem Höllenbewohner. Auch die Wagnerin hatte gleich einen Plan, wie sie den Teufel überlisten konnte: In der Küche hatte sie einen Teig stehen, da sie ihrem Mann noch seinen letzten Wunsch nach frischen Zwetschgennudeln, seiner Leibspeise, erfüllen wollte. Schnell holte sie aus der Werkstatt ein großes Blech, walkte den Nudelteig auf die Größe des Wagenrades aus, belegte ihn fein säuberlich mit Zwetschgen, streute Zucker darauf und rannte mit ihrem Teigrad zum

Bäcker. Als der das ungewöhnliche Backwerk sah, rief er aus: »Jetz guck bloß den Datschi a!« Und von Stund an hatte der Datschi seinen Namen.

Die Wagnerin wartete beim Bäcker, bis der Datschi fertig war, und rannte dann heim. Der Teufel hat vielleicht nicht schlecht gestaunt, wie die Wagnerin mit dem Riesendatschi bei der Tür hereingekommen ist! Mit Heißhunger hat er sich über das knusprige Backwerk hergemacht und dabei alles um sich herum vergessen. Derweil ist dem Wagner seine Seel' ins Fegefeuer hineingerutscht. Wie der Teufel das gemerkt hat, war es schon zu spät. Daraufhin ist er fuchsteufelswild geworden und hat in seiner Wut den ganzen Datschi aufgegessen.

Seit dieser Zeit backt man in Augsburg Datschi und nennt die Augsburger auch liebevoll-scherzhaft »Datschiburger«, ein Spitzname, auf den sie eher stolz als beleidigt reagieren. Ist doch der Datschi, dieses köstliche Backwerk, eine in aller Welt geschätzte Spezialität.

Sieben muntere Gesellen

Jedes Kind in Schwaben kennt die Geschichte der »Sieben Schwaben«, jener munteren Gesellen, die sich in Augsburg trafen, um von hier aus das Ungeheuer, das am Bodensee sein Unwesen treiben sollte, zur Strecke zu bringen. Ein Augsburger Waffenschmied fertigte für sie den »Schwaben-spieß«.

Der »Vater« der Sieben Schwaben, der Dichter Ludwig Aurbacher aus Türkheim, hauchte ihnen Leben ein. Aurbacher war einer jener stillen Gelehrten und machte sich als wissenschaftlicher wie volkstümlicher Schriftsteller gleichermaßen einen Namen. Zeitlebens fühlte er sich dem einfachen Volk, dem er selbst entstammte – er war der Sohn eines kinderreichen Schmiedes – verbunden. Aurbacher starb am 25. Mai 1847 im Alter von 62 Jahren.

Hier nun eine Kurzcharakterisierung der sieben wackeren Helden, die aus allen Himmelsrichtungen kamen und sich vor dem Augsburger Rathaus zu einer »schlagkräftigen Truppe« formierten.

Aus Nordschwaben, aus dem Ries, stammte der **Knöpf-lesschwab**. Böse Zungen behaupten, dort hätten die Leute zwei Mägen. Er hatte einen gesegneten Appetit, aß für sein Leben gerne »Knöpfle«, also Spätzle. Er war mit Pfannen, Töpfen und Löffeln bewaffnet und für das leibliche Wohl der Sieben bei ihrem Feldzug gegen das Ungeheuer zuständig.

Der **Blitzschwab** kam aus der Meitinger Gegend, war etwas begriffsstutzig, aber mutig. Ständig war er am Maulen und unterstrich seine Aussagen mit einem »Potz Blitz!«. Er fürchtete »scho gar nix auf deara Welt«, schließlich war er Musikant. Er hatte ein butterweiches Herz, das vor allem beim Auftauchen eines Weiberrocks dahinschmolz wie Butter an der Sonne. Ansonsten aber war er ein kreuzbraver Mann und ein lustiger Vogel.

Aus dem Ulmer Winkel reiste der **Nestelschwab** an, der einfältigste von den sieben. Er war klein von Gestalt, verhutzelt und ständig damit beschäftigt, seine rutschende Hose hochzuziehen. Er trug sogenannte »Nesteln« (Schuhriemen aus Hundsleder) an Wams und Hose und »nestelte« ständig an ihnen herum. Mit ihm war kein Staat zu machen, aber für den Krieg, sprich Kampf gegen das Ungeheuer, taugte er schon, da hierfür die Dummen allemal besser zu gebrauchen sind als die Gescheiten.

Der **Gelbfüßler** stammte aus Bopfingen. Er war ein »Goschler«. Als Bopfingen noch freie Reichsstadt war, mußten die Bürger dem Kaiser jedes Jahr einen Korbwagen mit rohen Hühnereiern abliefern. Eines Tages war der Wagen zu klein, da stampften sie die Eier wie Heu auf den Wagen, das Ergebnis war entsprechend.

Aus Memmingen stieß der **Spiegelschwab** zu der Truppe. Nicht gerade der Appetitlichsten einer. Er brauchte kein Schnupftuch, hatte er doch die Angewohnheit, sich öfter mit dem Jackenärmel die Nase zu putzen, so daß dieser mit der Zeit fast so blank wie ein Spiegel wurde.

Aus dem Süden kam der **Allgäuer**. Er war ein tapferer, gutmütiger, aber etwas tumber Geselle. Ein Mordstrumm Lackel mit einem Brustkorb wie ein Kleiderschrank und Haxen wie Eichenstämme. Als er den Spieß sah, meinte er: »Bigott, dear ischt grad reacht als Zahstochar.«

Komplettiert wurden die »glorreichen Sieben« vom **Seehas** aus Überlingen am Bodensee. Seine Landsleute meinten, er sei ein etwas »gspinnerter Siach«, was ihn jedoch nicht anfocht. Da er der hellste von allen war, managte er den Feldzug gegen das legendäre Ungeheuer.

Beim Turamichele

Wenn in den letzten Septembertagen das Auge den Perlachturm hinaufwandert, entdeckt es ein mit Blumengirlan-
den geschmücktes Fenster. Hoher Besuch wird erwartet: das
Turamichele kommt! Jedes Jahr am 29. September, seinem Namenstag, erscheint es zu jeder vollen Stunde, um den Kampf
mit dem Drachen aufzunehmen.

Seit 1526 absolviert der Michael im Perlachturm seinen
Auftritt, der früher wahrscheinlich in ein Volksfest ein-
gebunden war. Da die Augsburger etwas, das sie mögen,
gerne mit der Silbe »le« versehen, wurde aus dem »Turm-
Michael« das Turamichele.

Auch wenn man eigentlich nicht so recht weiß, warum
das Turamichele auftritt, der Begeisterung der kleinen Augsburger tut dies keinen Abbruch. Für sie ist es einer jener po-
pulären Bräuche, die ihre Stadt so liebenswert machen.

Vermutlich symbolisiert der siegreiche Kampf des heiligen Michael, der von jeher als Beschützer galt, den Triumph
des Guten über das Böse. Eine Zeitlang mußten die Augsburger auf ihr Turamichele verzichten. Als nämlich Napole-
on I. im Zuge einer Gebietsreform 1806 die Freie Reichsstadt
Augsburg zur königlich-bayerischen Provinzstadt degra-
dierte, glaubten ein paar übereifrige Ministerialbeamte, die
Bevölkerung vor diesem »kindischen Schauspiel«, wie sie
den Kampf des Engels mit dem Teufel nannten, bewahren
zu müssen, und verboten es kurzerhand. Aber sie hatten
nicht mit der Hartnäckigkeit der Augsburger gerechnet, die
diese an den Tag legen können, wenn man ihnen etwas weg-
nehmen will, das ihnen ans Herz gewachsen ist. Jahr für
Jahr protestierten sie für ihr Turamichele. Die Obrigkeit gab
schließlich nach, und 17 Jahre später, am 29. September 1823,
hatten die Augsburger ihr Turamichele wieder.

Im letzten Krieg, als der Perlachturm ausbrannte, blieben
auch vom Turamichele nur noch ein paar verkohlte Eisen-

stangen übrig. Von 1946 bis 1948 überbrückte ein Tanzpaar der Städtischen Bühnen die »turamichelelose Zeit«, indem es ein »lebendiges Turamichele« darstellte. Ein Fabrikant bewies dann sprichwörtlichen Augsburger Bürgersinn, ließ eine neue Figurengruppe anfertigen und machte sie der Stadt zum Geschenk. Als das neue Turamichele 1949 erstmals erschien, schrieb ein Drittkläßler in einem Schulaufsatz: »Das Tura-

michele hat goldene und silberne Kleider angehabt. Das vorige hat mir aber besser gefallen: es war aus Mensch.«

Seitdem strömen die Augsburger nun wieder Jahr für Jahr zu ihrem Turamichele, wenn es mit dem Drachen kämpft. Daß dabei der Erzengel jedesmal Sieger bleibt, ist bestimmt nicht zuletzt ein Verdienst der kleinen Augsburger, die ihn lautstark unterstützen, wenn der goldgewandete Himmelsbote mit dem hehren Blick bei jedem Schlag der Perlachturmuhr seine Lanze in den zu seinen Füßen liegenden Teufel sticht.

»Eins! – Zwei! – Drei! – Vier!« schallt es aus vielen hundert Kinderkehlen über den Rathausplatz. Die Begeisterung ist dabei so groß, daß meistens schneller gezählt wird, als die Turmuhr schlagen kann. Nach siegreich beendetem Kampf zieht sich der Erzengel wieder zurück, so lautlos, wie er gekommen ist.

Die Kinder lassen nun bunte Luftballons in den blauen Augsburger Himmel steigen, der dann aussieht, wie wenn man ihn mit Farbtupfern bemalt hätte.

Das Turamichele sammelt inzwischen in seiner Turmwohnung neue Kräfte für den nächsten Auftritt, und auch der Drache darf sich ein wenig erholen. Zum Glück übersteht er jedesmal die vielen Stiche, denn im nächsten Jahr wird er ja wieder gebraucht, wenn es heißt: das Turamichele kommt!

Auf dr Dult

»I mecht heit auf Dult«, eröffnet Anneliese Hefele beim Mittagessen ihrem Mann Otto. Der ist von der Idee gar nicht begeistert: »Du warsch doch erscht im Frühjohr auf dr Dult, und heit am Sonntag isch do bestimmt a rechts Gwuahl.« »Auf Dult geht ma als richtiger Augschburger zwoimol im Johr«, stellt seine Frau energisch klar. Weil Herr Hefele weiß, daß es keinen Sinn hat, zu widersprechen, wenn sich seine Frau etwas in den Kopf gesetzt hat, gibt er nach. Nur auf der Fahrt dorthin muckt er noch mal kurz auf: »Parkplatz find mer gwiß o koin in dr Jakobervorstadt.« »Ja, no loff mer halt a Stickle, des schad nix bei deim Bauch«, beendet Frau Hefele das Gespräch. Nach langer Suche hat man bei der Jakobskirche eine Parklücke entdeckt. »So, jetz loff mer vollens hinter«, entscheidet Frau Hefele. Am Eingang zur Dult angekommen, sieht Otto Hefele, wie sich die Menschenmassen durch die Budenstraße dieses knapp einen Kilometer langen Kaufhauses unter freiem Himmel zwischen Jakober- und Vogeltor dahinschieben. »Ja, müassn dia grad heit alle auf Dult geha, ham dia am Sonntag nix Bessers zum dua?« schimpft Herr Hefele. Seine Frau überhört dies und steuert gezielt auf den ersten Stand zu: »Do schau her, Otto, do gibt's dia Pfanna, dia wo i scho so lang suach!« »Dia könnens fei ruhig nemma«, wird Frau Hefele von einer neben ihr stehenden rundlichen Mittfünfzigerin ermuntert, »i habs mir im Frühjohr koofft, i bin fei recht zfrieda drmit.« Dies überzeugt Frau Hefele, und sie ersteht eine Bratpfanne samt Deckel. Inzwischen deckt sich ihr Mann mit einer Tüte Kräuterbonbons ein.

Beim »Billigen Jakob«, der zur Dult gehört wie die Jakobskirche zur Jakobervorstadt, bleiben beide besonders lange stehen, seine Sprüche sind zu lustig. »Do gibt's was gega deine Hühnerauga, Anneliese«, weist Herr Hefele im Weitergehen seine Frau lautstark auf einen Stand hin, an dem eine Tinktur angespriesen wird, von der der Händler wahre Wunderdinge verspricht. »Muasch do so laut schreia, daß glei di halbat Stadt höart?« zischt Frau Hefele. Am Vogeltor angekommen, kehren sie um. Zwei Einkaufstaschen sind inzwischen voll mit allerlei Nützlichem. Manch interessante Dinge gibt es noch zu sehen. Eine Bratwurst mit Semmel stillt den Hunger der Hefeles. »Baß fei auf deine Tascha auf!« mahnt Otto Hefele seine Frau, die die Tüte mit der erstandenen Bratpfanne neben sich auf den Boden gestellt hat. Als Hefeles zum Auto zurückgehen, meint er: »Gell, des war doch jetzt wieder schee, i sags ja immer, zwoimol im Johr muaß ma auf Dult geha. Drum war i ja o glei drfir, wia du heit mittag gsagt hosch, mir gehen do runter. Mir gfallts do immer wieder, i glob, mir gehen nägschdn Sonntag nomol her!«

Brechtiges

Vorbei an meinem väterlichen Haus führte eine Kasta-
nienallee entlang dem alten Stadtgraben; auf der anderen
Seite lief der Wall mit Resten der einstigen Stadtmauer.
Schwäne schwammen in dem teichartigen Wasser.
Die Kastanien warfen ihr gelbes Laub ab.
(Schriften, 21 – 18, 29-34)

Aber wenn er sonst nichts wird (und Philosoph),
weil es angenehm ist, enorme Einfälle zu haben,
dann ist es unangenehm.
(Schriften, 21 – 49, 13-17)

Es gibt Erscheinungen, die uns Astronomen Schwierigkeiten bereiten, aber muß der Mensch alles verstehen?
(Leben des Galilei. 1955/56, 5 – 53, 5-7)

Der Garten müßt verwildern, dächt man
Der königlichen Rose nur.
(Coriolanus, 9 – 32, 18-30)

Stehend an meinem Schreibpult
Sehe ich durchs Fenster im Garten den Holderstrauch
Und erkenne darin etwas Rotes und etwas Schwarzes
Und erinnere mich plötzlich des Holders
Meiner Kindheit in Augsburg.
Mehrere Minuten erwäge ich
Ganz ernsthaft, ob ich zum Tisch gehen soll
Meine Brille holen, um wieder
Die schwarzen Beeren an den roten Zweiglein zu sehen.
(Gedichte, 15 – 294)

Ich lebe luxuriös, mit der schönsten Frau Augsburgs,
schreibe Filme. Alles am hellen Tag, die Leute sehen uns
nach. Wie lange noch und Gottes Geduld reißt, ich sitze auf
dem Stein, und die Hunde schiffen mich an?!
(Journale, 26 – 195, 33-36)

Pfingsten
Sind die Geschenke am geringsten
Während Geburtstag, Ostern und Weihnachten
Etwas einbrachten.
(Gedichte, 14 – 230-234)

Bei Gott, ich wollte, man läse
Auf meinem Grabstein dereinst: hier ruht
B.B. REIN. SACHLICH. BÖSE.
(Gedichte, 13 – v266)

Und wenn ihr einst in Frieden ruht
Beseligt ganz vom Himmelslohn
Dann stolpert durch die Höllenglut
Bert Brecht mit seinem Lampion.
(Gedichte, 13 – 94)

Das Kurhaustheater

Von außen hat es etwas von einem prächtigen Schloß und Ähnlichkeit mit einem Feenpalast, das Kurhaustheater Göggingen, das nach zehnjähriger Restaurierung als Gesamtensemble mit allen Nebengebäuden seit Mai 1998 wieder im alten Glanz erstrahlt. Ein denkmalpflegerisches Meisterwerk, ein Baujuwel von europäischem Rang ist wiedererstanden. Ein nach historischen Vorbildern angelegter Park mit altem Baumbestand und Blumenrabatten umgibt das prachtvolle Gelände. Der malerische Innenhof und ein vornehmes Café komplettieren die reizvolle Gesamtanlage.

Aber blenden wir zurück auf die wechselvolle Geschichte dieses Bauwerks: Man schrieb das Jahr 1885. Friedrich Hessing, der 1838 in Franken geborene Handwerkersohn, betreibt in Göggingen bei Augsburg eine Heilanstalt. Als begnadeter Laienorthopäde entwickelt er Heilmethoden, mit denen er Medizingeschichte schreiben sollte. Er behandelt Patienten aus ganz Europa, darunter auch prominente Zeitgenossen bis hin zur Kaisergemahlin Auguste Viktoria. Hessing war mehr als ein für die Gründerzeit charakteristischer Unternehmer. Er war auch der Meinung, daß zu optimaler orthopädischer Behandlung gesunde Ernährung, Licht, Luft und geistige künstlerische Erbauung kommen sollten. Dies war sein therapeutisches Konzept. Er beauftragt seinen Architekten Jean Keller, die Pläne für das Kurhaustheater am Klausenberg in Göggingen zu zeichnen. Nach rascher Genehmigung kann schon im Juli 1886 das Palmenhaus nach dem Vorbild europäischer Metropolen eröffnet werden. Die »Augsburger Postzeitung« schwärmt in ihrer Ausgabe vom 27. Juli 1886:

»Ein Ausruf der Bewunderung, die sich sofort beim Eintritt unser aller bemächtigte, gibt der überdimensionalen Überzeugung Ausdruck, hier etwas außerordentlich Reizendes vor sich zu haben. In der That – eine magnifike Verbindung von Wintergarten und Theater! Das nur aus Stein und Eisen erbaute geräumige Theater in Rundellform ist zugleich ein lichter Palmengarten. Es erfüllt uns mit angenehmsten Eindrücken. Wir verlassen dieses prächtige Monbijou in Göggingen und lassen uns durch die Trambahn zu unserer theuren Augusta heimbefördern, für welche die nachbarliche Schöpfung des Herrn Hessing ein reizender Anziehungspunkt werden wird. Wenn es so fortgeht wie in diesem ›Ausstellungsjahr‹, kommen wir bald in Versuchung, uns als Großstädter zu fühlen!«*

Bis 1942 finden im Kurhaustheater Operettenaufführungen, Laientheater und Tanzveranstaltungen statt. Dann wird ein Kino eingerichtet, wobei die Glas-Eisen-Konstruktionen und Dekorationen von hölzernen Wänden verdeckt werden. 1944 werden Kriegsgefangene in dem Gebäude interniert. 1945 gestattet die amerikanische Militärregierung die Einrichtung der »Neuen Musikbühne«. Die Augsburger strömen in Scharen zu den Operettenaufführungen, ins »Weiße Rössl«, das allein 150-mal auf dem Spielplan steht, zur »Blume von Hawaii« oder dem »Fidelen Bauern«. 1951 verkauft die

Stadt Augsburg das Areal an den früheren Pächter, der es für Kino- und Ballveranstaltungen nutzt. 1963 erwirbt das Haus ein Bauträger, der den Antrag zum Abbruch stellt, weil er an dieser Stelle Wohnungen errichten möchte. Dann kommt der Brand, der in diesem Fall ein Glück war. Er zerstört die nachträglichen Verkleidungen und legt die darunter verborgene Architektur frei, die erst so wiederentdeckt wird. Somit ist das Kurhaustheater am 30. Oktober 1972 eigentlich nicht »ab-«, sondern »aufgebrannt«, kam doch erst dadurch die wertvolle Bausubstanz zum Vorschein. Flugs kauft die Stadt das unter Denkmalschutz gestellte Kurhaustheater zurück. 1988 gründen die Stadt Augsburg und der Bezirk Schwaben den »Sanierungszweckverband Kurhaus Göggingen«, und kurz darauf beginnen die ersten Arbeiten. Ein Architekt wird gewonnen, der als exzellenter Fachmann auf dem Gebiet der Sanierung historischer Gebäude gilt. Die Finanzierung wird auf drei Säulen gestellt: Stadt Augsburg, Bezirk Schwaben und der Freistaat Bayern tragen je ein Drittel der Kosten. Am 1. Februar 1996 wird das Kurhaustheater wiedereröffnet, und am 20. Mai 1998 kann das fertig restaurierte Gesamtensemble als kulturelle Begegnungsstätte ersten Ranges der Öffentlichkeit übergeben werden. Ein prachtvoller Raum aus buntem Glas, verspieltem Stahl mit vergoldeten gußeisernen Säulen und prächtigem Stuck kann nun wieder voll seinen Glanz entfalten.

Augsburg hat mit dem Kurhaus gewissermaßen einen dritten »Goldenen Saal« neben dem Goldenen Saal im Rathaus aus dem 17. Jahrhundert und dem Kleinen Goldenen Saal in der Jesuitengasse aus dem 18. Jahrhundert. Theater, Musical, Konzerte (neben der Innen- hat das Kurhaustheater auch eine Außenbühne), Jubiläen, Feste und Bälle erfüllen das prächtige Ensemble wieder mit Leben.

Aufm Chrischtkindlesmarkt

Wenn ma im Advent in d' Stadt neigeht
und dann vorm Augschburger Rathaus steht,
no isch do a ganz bsondrer Duft,
nach Lebkuacha riacht do dia Luft.

Dr Chrischtkindlesmarkt isch do aufbaut,
des Weihnachtssach so riberschaut,
do kasch oifach net widrsteha,
muasch durch dia Budastroße geha.

Dr Vatr gibt si glei an Ruck
und kofft an neia Chrischtbaumschmuck.
Scho packt sei Bua ihn bei dr Hand
und ziaht ihn zu am andra Stand.

Vom Hirtafeier dia Battrie
isch seitm ledschda Johr scho hi,
und em Kenig Melchior
fehlt immer no des rechte Ohr!

Iber mehr Stroh ins Kripple nei
dät 's Jesuskindle dankbar sei.
»A Stall-Latern«, moint do dr Bua,
»dät ma braucha no drzua.«

Jetz will er gar net weitrgeha,
er hot an Stand mit Spielzeig gseha,
warme Socka sin drneba,
do könnts was fir da Opa geba.

Dr Bua hot jetz an kloina Wunsch,
er mecht an Becher Kinderpunsch;
dr Vatr hot d' Spendierhos a
und kofft 'n glei dem kloina Ma.

Do vorna schenkns Glüahwein aus,
der wärmt so schee von inna raus;
a Stickle Hutzlbrot drzua,
da Wei fir da Vatr – 's Brot fir da Bua.

Dr Chrischtbaum fir alle strahlt iber d' Stadt,
daß wirklich a jedr von ihm was hat;
's himmlische Poschtamt isch glei nebadra,
wo ma ans Chrischtkindle schreiba ka.

Wenn obends d' Lämpla brennan dann
und 's fangt ganz leicht zum Schneia a,
no leichtn d' Auga von de Kindr,
die Große freien si net minder.

Vom Brunna, der im Wintergwand,
hebt schützend dr Kaiser Auguschtus d' Hand;
a Mützle aus Schnee verdeckt heit ganz
dem römischa Feldherr sein Lorbeerkranz.

Ma moint, wia er so droba steht,
er jetz a Spur mehr lächla dät;
er woiß, glei kommt des Engelesspiel,
des isch fir Tausende des Ziel.

Und scho schaun d' Leit zum Rathaus nauf,
do moinsch, 's duat si dr Himmel auf:
bei Orgl- und Posaunaton
wirds strahlend hell auf dem Balkon.

Jetz schwebn aus am Holl-Rathaus
leibhaftig d' Holbeinengl raus –
a bsondre Stimmung stellt si ei,
dia jedr spürt, der do drbei.

Oins hab i scho oft mir denkt;
d' Kindr der Markt zum Strahla bringt,
doch o die Große ham ihr Freid,
's isch wia in ihrer Kinderzeit.

Das Augsburger Adventsingen

Was 1961 mit 17 Zuhörern im Nebenraum einer Gaststätte begann, ist heute mit 3000 Besuchern die größte vorweihnachtliche Veranstaltung nicht nur in Augsburg, sondern in ganz Schwaben: das Augsburger Adventsingen. Initiator und Motor war damals wie heute Johann Eichmayr, Volksmusikberater beim Bezirk Schwaben. Immer am Samstag vor dem dritten Advent füllen die Besucher dieses Singens, das aus dem vorweihnachtlichen Augsburger Veranstaltungskalender nicht mehr wegzudenken ist und inzwischen auch viele Stammbesucher aus dem Ausland hat, zweimal die Augsburger Kongreßhalle. Sie alle suchen und finden in diesen oft recht lauten Wochen vor Weihnachten Stunden der Erbauung, Besinnung und Stille. Volksmusikgruppen aus Schwaben kommen zu dieser wohl bedeutsamsten Präsentation schwäbischer Volksmusik in Augsburg zusammen und zaubern gemeinsam mit dem Sprecher und dem Singkreis der Augsburger Volkshochschule eine geradezu andächtige Ruhe in die Halle, was nicht heißt, daß zwischendurch nicht auch mal geschmunzelt oder gelacht wird, zum Beispiel bei heiteren Texten oder dem Krippenspiel der Buben und Mädchen. Zur Freude am Musizieren kommt für die Mitwirkenden noch ein anderer erfreulicher Aspekt hinzu: mit dem Erlös des Adventsingens werden Menschen unterstützt, die Hilfe brauchen. Wenn dann am Ende der letzte Ton des Andachtsjodlers, der ab der dritten Strophe vom Publikum stehend mitgesungen wird, verklungen ist, gehen die Besucher wieder hinaus in die Winternacht mit dem Gefühl, daß dieser Abend noch lange in ihnen nachklingen wird.

500 Jahre Augsburger Christkindlesmarkt

Kaum eine andere Stadt kann die Weihnachtszeit so eng verbunden mit der eigenen Stadtgeschichte erleben wie das 2000jährige Augsburg. Auf dem Rathausplatz steht das Standbild von Kaiser Augustus, in dessen Auftrag die Stadt gegründet wurde und ihren Namen bekam. Von ihm war auch die Volkszählung in Judäa angeordnet – »auf daß alle Welt geschätzet werde«. Knapp neben dem Kaiserstandbild steht die wertvolle Weihnachtskrippe, ein besonderer Anziehungspunkt des Augsburger Christkindlesmarktes, der als einer der schönsten und eindrucksvollsten Weihnachtsmärkte in Deutschland gilt. Er hat eine bewegte Geschichte. Sie läßt sich bis ins Jahr 1498 zurückverfolgen. Damals regelte der Stadtrat am 22. Dezember den »seit alter herkommen« zu Weihnachten stattfindenden Lebzelten-Verkauf in einheitlichen Buden am Dom und auf dem Platz vor dem Perlach. Aus der Formulierung im Ratsprotokoll »seit alter herkommen« läßt sich ableiten, daß der Weihnachtsmarkt 1498 bereits Tradition hatte, also schon vor mehr als 500 Jahren eine feste Einrichtung war. Auch 1527 findet sich ein Eintrag über die Abhaltung eines Lebkuchenmarktes um das Rathaus in den Protokollbüchern. Bis um 1800 taucht auch die Bezeichnung »Nikolai-Markt« auf, wobei Oberhauser Krippenschnitzer an drei Adventstagen ihre Erzeugnisse anboten. 1808 gab's den »Weihnachts- und Christmarkt«, den die Augsburger aber lieber »Christkindleins Kirreweyh« nannten. 1815 wird er in der Maximilianstraße beim Merkurbrunnen in der Zeit vom 21. bis 24. Dezember abgehalten.

Über die Ludwigstraße, den Oberen Graben, den Jakobsplatz, den Obst- und Kesselmarkt kam der Weihnachts-

markt auf den Königsplatz, wo er von 1934 bis 1943 aufgebaut wurde. Im Kriegsjahr 1943 waren es 14 Händler, die
den Christkindlesmarkt aufrechterhielten.

In den ersten Nachkriegsjahren, so erzählt die Chronik weiter, wurde der Markt dann auf dem Königsplatz abgehalten.
1945 beteiligten sich 19 Händler, 1946 zwölf. Heute sind es
weit über hundert.

Nach der Währungsreform wanderte der Markt in die
Fuggerstraße, wo Krippen, Krippenfiguren, Weihnachtspa-
pier, Süßwaren und Kinderbilderbücher angeboten wurden.
Ab 1952 standen die Buden auf dem Elias-Holl-Platz. Doch
man erkannte bald, daß die Lage nicht ideal war. Für zwei
Jahre zog man nochmals in die Fuggerstraße um.

1963 war es dann soweit: der Christkindlesmarkt fand
seine Heimat auf dem neugestalteten Rathausplatz vor der
prächtigen Kulisse des Holl-Rathauses, wo diese Buden-
stadt aus Tuch und Holz ihren Zauber besonders gut entfalten kann.

Zum guten Schluß:

ein paar volkstümliche Augsburger Sprichwörter
und Redensarten

Mit Geld und guate Wort ka ma alles kriaga.

Wenn mit 40 Johr dr Esel net rauskommt, kommt er
nimmer raus.

A blinda Henn findet o amol a Korn.

Auf oim Fuaß steht ma net.

Kloine Kinder – kloine Sorga, groaße Kinder – groaße Sorga.

Oi Red gibt die ander.

A guater Gaul ziaht zwoimol.

Des isch ghupft wia gsprunga.

Umsonscht isch dr Tod, und der koscht 's Leba.

Probiera koscht nix.

A guate Ausred isch was wert.

Es kommt nix Bessers noch.

Der danzt wia dr Lump am Stecka.

Do loft no viel Wasser da Lech nunter.

Der isch net von Gebahausa (d. h., er ist geizig).

's Sitza gilt fürs Steha.

A guater Stolperer fallt net glei.

Vom selben Autor sind erschienen:

Erhältlich im Buchhandel